财税人员增值税政策、实务、案例必读

XIAOFEISHUISHIWUZHENGCEJIEXIYUCAOZUOZHINAN

消费税实务
政策解析与操作指南

税务处理 | 会计核算 | 案例分析

刘霞◎著

立信会计出版社
LIXIN ACCOUNTING PUBLISHING HOUSE

图书在版编目(CIP)数据

消费税实务政策解析与操作指南/刘霞著. —上海：立信会计出版社，2018.7

ISBN 978-7-5429-5878-5

Ⅰ.①消… Ⅱ.①刘… Ⅲ.①消费税—税收管理—中国—指南 Ⅳ.①F812.424-62

中国版本图书馆 CIP 数据核字(2018)第 162749 号

策划编辑 张巧玲

责任编辑 张巧玲 彭秋龙

封面设计 南房间

消费税实务政策解析与操作指南

出版发行	立信会计出版社		
地　　址	上海市中山西路 2230 号	邮政编码	200235
电　　话	(021)64411389	传　　真	(021)64411325
网　　址	www.lixinaph.com	电子邮箱	lxaph@sh163.net
网上书店	www.shlx.net	电　　话	(021)64411071
经　　销	各地新华书店		
印　　刷	涿州市新华印刷有限公司		
开　　本	710 毫米×960 毫米	1/16	
印　　张	19.25		
字　　数	201 千字		
版　　次	2018 年 7 月第 1 版		
印　　次	2018 年 7 月第 1 次		
书　　号	ISBN 978-7-5429-5878-5/F		
定　　价	69.00 元		

如有印订差错，请与本社联系调换

前　　言

消费税是一个比较复杂的税种，它采用单环节课征制度，在应税消费品的生产销售、自产自用、委托加工和进口环节征收。四个不同的征收环节经营性质差异较大，因此，应纳消费税税额的计算差异较大。另外，消费税的计征方法有从价定率、从量定额和复合计征三种方法。不同的计征方法之间应纳消费税税额的计算更有着天壤之别，这都给全面系统掌握消费税政策带来一定的难度。加上自1994年以来，财政部和国家税务总局先后四次对消费税征税范围进行修订，成品油消费税政策变动频繁，卷烟、超豪华小汽车征收环节增加等，最终导致有效与废止的消费税政策掺杂在一起，给读者学习消费税政策带来一定的障碍。

为帮助广大税务人员和企业财务人员全面、准确、深度掌握消费税政策，作者全面梳理了1994年以来财政部和国家税务总局下发的有效的消费税实体政策，详细讲解消费税纳税义务人、消费税征税范围、消费税税率、消费税纳税环节、应纳税额、纳税地点、纳税义务发生时间、纳税期限、会计科目及处理等内容。本书全面收集现行有效政策，并标注文号，方便政策查询，是您系统学习消费税政策及会计处理的工具书。本书包含大量的实务案例解析及例题，是您精准掌握消费税实务操作的好帮手。

由于作者水平有限，书中难免存在纰漏与不当之处，恳请广大读者批评指正。

2018 年 7 月

作　者

目　　录

案例解析索引

消费税

消费税是 1994 年税制改革时新设置的一个税种，是对我国境内从事生产、委托加工、进口应税消费品的单位和个人就其应税消费品的销售额或销售数量征收的一种税。在增值税普遍征收的基础上，选择需要进一步调节的少数消费品再征收一道消费税，税收收入全额归属中央。消费税是我国现行税制中主要税种之一，与其他税种比，主要具有以下特点：

第一，征收范围具有选择性。消费税只选择了一部分消费品，即应税消费品征收，没有列入征税范围内的不征收。目前，选择出来征收消费税的应税消费品有 15 类，主要包括过度消费对身体健康和生态环境有影响的消费品、奢侈品、高能耗产品、不可再生的稀缺资源消费品等非生活必需品。

第二，征收环节具有单一性。除特殊应税消费品外，消费税只对消费品的生产、流通或消费的某一环节征收，避免重复征税。消费税的征税环节是生产环节，但金银首饰的征税环节为零售环节。

第三，征收方法具有灵活性。消费税根据征税对象的不同，采用了不同的征收办法，有采用比例税率有从价定率计征办法、采用定额税率的从量定额计征方法和两种税率叠加实施的复合计征办法。

第四，税率和税额的差别性。消费税的税率、税额根据征收对象的种类、档次以及价格设计了高低不同的档次，充分体现了国家消费政策和产业政策。

第五，税负具有转嫁性。消费税实行价内税，无论在哪个环节征收，消费品中所含的消费税税额都随着价格转嫁到消费者身上，具有明显的转嫁性。

第1章

消费税纳税人、征税范围及税率

本章主要介绍消费税的纳税人、征税范围和税率三个核心的税制要素。

1.1 消费税纳税人

《消费税暂行条例》第一条规定，在中华人民共和国境内生产、委托加工和进口本条例规定的消费品的单位和个人，以及国务院确定的销售本条例规定的消费品的其他单位和个人，为消费税的纳税人，应当依照本条例缴纳消费税。

《消费税暂行条例实施细则》第二条规定，条例第一条所称单位，是指企业、行政单位、事业单位、军事单位、社会团体及其他单位。

条例第一条所称个人，是指个体工商户及其他个人。

无论是单位还是个人，发生消费税的应税行为都会成为消费税的纳税义务人。

1.2 消费税扣缴义务人

《消费税暂行条例》第四条规定，委托加工的应税消费品，除受托方为个人外，由受托方在向委托方交货时代收代缴税款。

政策解析　委托加工应税消费品，消费税纳税义务人是委托方。因为委托方通常不具有应税消费品的生产能力，没有办理消费税税种登记，消费税流失风险较大，所以，条例在委托加工应税消费品环节设置了扣缴义务人，但受托方为个人（包括个体经营者）时，不实行代收代缴，应由委托方自行向其机构所在地的主管税务机关申报缴纳。

1.3　消费税税目税率表

《消费税暂行条例》第二条规定，消费税的税目、税率，依照本条例所附的《消费税税目税率表》执行。消费税税目、税率的调整，由国务院决定。

《消费税暂行条例实施细则》第三条规定，条例所附《消费税税目税率表》中所列应税消费品的具体征税范围，由财政部、国家税务总局确定。

政策解析　2014年年末和2015年年初，财政部和国家税务总局先后下发财税〔2014〕94号、财税〔2014〕106号、财税〔2015〕11号，连续三次上调成品油消费税税率：自2014年11月29日至2014年12月12日，将汽油、石脑油、溶剂油和润滑油的消费税单位税额提高到1.12元/升，将柴油、航空煤油和燃料油的消费税单位税额提高至0.94元/升；自2014年12月13日至2015年1月12日，将汽油、石脑油、溶剂油和

消费税税目税率表

税目	子目	计税单位		税率	备注
一、烟	1. 卷烟	生产环节	(1) 甲类卷烟：每标准条(200支)对外调拨价格在70元以上的(含70元,不含增值税)	56%、0.003元/支	自2009年5月1日起,依照财税〔2009〕84号调整税率
			(2) 乙类卷烟：每标准条(200支)对外调拨价格在70元以下的	36%、0.003元/支	
		批发环节		11%、0.005元/支	自2015年5月10日起,依照财税〔2015〕60号调整税率
	2. 雪茄烟	生产环节		36%	自2009年5月1日起,依照财税〔2009〕84号调整税率
	3. 烟丝	生产环节		30%	
二、酒	1. 粮食白酒	斤或500毫升		20%、0.5元/斤或0.5元/500毫升	1. 粮食白酒是指以高粱、玉米、大米、糯米、大麦、小麦、小米、青稞等各种粮食为原料,经过糖化、发酵后,采用蒸馏方法酿制的白酒,含果木或谷物为原料的蒸馏酒; 2. 薯类白酒是指以白薯(红薯、地瓜)、木薯、马铃薯(土豆)、芋头、山药等各种干鲜薯类为原料,经过糖化、发酵后,采用蒸馏方法酿制的白酒。用甜菜酿制的白酒,比照薯类白酒征税;

（续表）

税目	子目	计税单位	税率	备注
二、酒	2. 薯类白酒	斤或500毫升	20%、0.5元/斤或0.5元/500毫升	3. 自2001年5月1日起白酒采用复合计税办法； 4. 自2006年4月1日起依财税〔2006〕33号调整税率
	3. 黄酒	吨	240元/吨	黄酒1吨=962升
	4. 啤酒	(1) 每吨出厂价格(含包装物及包装物押金)在3 000元(含3 000元,不含增值税)以上的	250元/吨	1. 啤酒包括啤酒源,菠萝啤酒,饮食业、商业、娱乐业生产的啤酒和果啤等； 2. 自2001年5月1日起依照财税字〔2001〕84号调整税率； 3. 啤酒1吨=988升
		(2) 每吨在3 000元以下的	220元/吨	
		(3) 娱乐业和饮食业自制的	250元/吨	
	5. 其他酒		10%	它是指除粮食白酒、薯类白酒、黄酒、啤酒以外,酒度在1度以上的各种酒。其征收范围包括糠麸白酒、其他原料白酒、土甜酒、复制酒、果木酒、汽酒、药酒等
三、高档化妆品			15%	1. 征收范围包括高档美容、修饰类化妆品、高档护肤类化妆品和成套化妆品； 2. 高档美容、修饰类化妆品和高档护肤类化妆品是指生产(进口)环节销售(完税)价格(不含增值税)在10元/毫升(克)或15元/片(张)及以上的美容、修饰类化妆品和护肤类化妆品；

（续表）

税目	子目	计税单位	税率	备　注
三、高档化妆品			15%	3. 2016年10月1日起，依照财税〔2016〕103号调整应税范围和税率。
四、贵重首饰及珠宝玉石			金银首饰5%，非金银首饰10%	1. 包括金刚石（钻石）、宝石坯、各种金、银、珠宝首饰及珠宝玉石等； 2. 金银首饰在零售环节征收消费税，其他贵重首饰及珠宝玉石在生产环节征税
五、鞭炮、焰火			15%	
六、成品油	1. 汽油		1.52元/升	1. 以汽油、汽油组分调和生产的甲醇汽油、乙醇汽油也属于本税目征收范围； 2. 汽油1吨=1 388升； 3. 自2015年1月13日起，依财税〔2015〕11号调整成品油税率
	2. 柴油		1.20元/升	1. 以柴油、柴油组分调和生产的生物柴油也属于本税目征收范围； 2. 柴油1吨=1 176升
	3. 石脑油		1.52元/升	1. 石脑油的征收范围包括除汽油、柴油、航空煤油、溶剂油以外的各种轻质油； 2. 石脑油1吨=1 385升
	4. 溶剂油		1.52元/升	1. 橡胶填充油、溶剂油原料，属于溶剂油征收范围； 2. 溶剂油1吨=1 282升

（续表）

税目	子目	计税单位	税率	备　注
六、成品油	5. 润滑油		1.52 元/升	1. 润滑油分为矿物性润滑油、植物性润滑油、动物性润滑油和化工原料合成润滑油，润滑油的征收范围包括矿物性润滑油、矿物性润滑油基础油、植物性润滑油、动物性润滑油和化工原料合成润滑油； 2. 润滑油 1 吨=1 126 升
	6. 燃料油		1.20 元/升	1. 包括用于电厂发电、船舶锅炉燃料、加热炉燃料、冶金和其他工业炉燃料的各类燃料油； 2. 燃料油 1 吨=1 015 升
	7. 航空煤油		1.20 元/升	1. 暂缓征税； 2. 航空煤油 1 吨=1 246 升
七、摩托车		1. 气缸容量为 250 毫升的	3%	1. 自 2006 年 4 月 1 日起依财税〔2006〕33 号调整税率； 2. 自 2014 年 12 月 1 日起，财税〔2014〕93 号取消气缸容量 250 毫升（不含）以下的小排量摩托车消费税
		2. 气缸容量在 250 毫升以上的	10%	

（续表）

税目	子目		计税单位	税率	备注
八、小汽车	生产环节	1. 乘用车	(1) 气缸容量(排气量，下同)在1.0升以下(含1.0升)的	1%	1. 乘用车包括含驾驶员座位在内最多不超过9个座位(含)的，在设计和技术特性上用于载运乘客和货物； 2. 中轻型商用客车含驾驶员座位在内的座位数在10至23座(含23座)的在设计和技术特性上用于载运乘客和货物； 3. 电动汽车不属于本税目征收范围； 4. 自2008年9月1日起，按照财税〔2008〕105号调整乘用车税率
			(2) 气缸容量在1.0升以上至1.5升(含1.5升)的	3%	
			(3) 气缸容量在1.5升以上至2.0升(含2.0升)的	5%	
			(4) 气缸容量在2.5升以上至2.5升(含2.5升)的	9%	
			(5) 气缸容量在3.5升以上至3.0升(含3.0升)的	12%	
			(6) 气缸容量在4.0升以上至4.0升(含4.0升)的	25%	
			(7) 气缸容量在4.0升以上的	40%	
		2. 中轻型商用客车		5%	
	零售环节		超豪华小汽车	10%	1. 超豪华小汽车是指每辆零售价格在130万元(不含增值税)及以上的乘用车和中轻型商用客车；

（续表）

税目	子目	计税单位	税率	备注
八、小汽车	零售环节	超豪华小汽车	10%	2. 自2016年12月1日起，依据财税〔2016〕129号对超豪华小汽车，在生产（进口）环节征收消费税基础上，在零售环节加征一道消费税
九、高尔夫球及球具			10%	包括高尔夫球、高尔夫球杆及高尔夫球包（袋）、高尔夫球杆的杆头、杆身和握把等
十、高档手表			20%	是指销售价格（不含增值税）每只在10 000元（含）以上的各类手表
十一、游艇			10%	艇身长度大于8米（含）小于90米（含），内置发动机
十二、木制一次性筷子			5%	包括各种规格的木制一次性筷子和未经打磨、倒角的木制一次性筷子
十三、实木地板			5%	包括各类规格的实木地板、实木指接地板、实木复合地板及用于装饰墙壁、天棚的侧端面为榫、槽的实木装饰板和未经涂饰的素板
十四、电池			4%	2015年2月1日起，依据财税〔2015〕16号设置税目
十五、涂料			4%	2015年2月1日起，依据财税〔2015〕16号设置税目

注：自2014年12月1日起，财税〔2014〕93号取消汽车轮胎税目，取消酒精子税目。汽油子税目不再划分二级子目，统一按照无铅汽油税率征收消费税。

润滑油的消费税单位税额提高到 1.4 元/升，将柴油、航空煤油和燃料油的消费税单位税额提高到 1.1 元/升；自 2015 年 1 月 13 日起，将汽油、石脑油、溶剂油和润滑油的消费税单位税额提高到 1.52 元/升，将柴油、航空煤油和燃料油的消费税单位税额提高到 1.2 元/升。

〔例题 1-1〕 2018 年 7 月，天马啤酒厂（增值税一般纳税人）销售啤酒 4 000 箱，每箱 24 瓶，每瓶 1 斤，不含税售价为 141 600 元，另外收取包装物押金5 800 元，请计算天马啤酒厂当月应纳的增值税销项税额和消费税税额。

解析：(1) 增值税销项税额＝141 600×16%＝22 656(元)

(2) 每吨啤酒的售价＝(141 600＋5 800÷1.16)÷(4 000×24)×2 000＝3 054.17(元)

3 054.17＞3 000，该啤酒适用的税率为 250 元/吨。

应纳消费税税额＝(4 000×24)÷2 000×250＝12 000(元)

答：天马啤酒厂 7 月应纳增值税销项税额为 22 656 元、消费税税额为12 000 元。

〔例题 1-2〕 2018 年 7 月，天马啤酒厂（增值税一般纳税人）销售啤酒 4 000 箱，每箱 24 瓶，每瓶 600 毫升，不含税售价为 141 600 元，另外收取包装物押金 5 800 元，请计算天马啤酒厂当月应纳的增值税销项税额和消费税税额。

解析：(1) 增值税销项税额＝141 600×16%＝22 656(元)

(2) 每吨啤酒的售价＝(141 600＋5 800÷1.16)÷(4 000×24×

0.6)×988=2 514.60(元)

2 514.60<3 000,该啤酒适用的税率为220元/吨。

应纳消费税税额=(4 000×24×0.6)÷988×220=12 825.91(元)

答:天马啤酒厂7月应纳增值税销项税额为22 656元,应纳消费税税额为12 825.91元。

重点难点即时练1

1. 目前,下列哪种产品不属于消费税的征收范围(　　)。

   A. 酒精　　B. 润滑油

   C. 非高档护肤护发品　　D. 摩托车

2. 下列属于高档化妆品的有(　　)。

   A. 价格在5元/毫升(克)以上的化妆品

   B. 价格在10元/毫升(克)以上的化妆品

   C. 价格在10元/片(张)以上的化妆品

   D. 价格在15元/片(张)以上的化妆品

3. 下列产品征收消费税的有(　　)。

   A. 高档木制筷子　　B. 图书

   C. 烟丝　　D. 小汽车

4. 下列货物征收消费税的有(　　)。

   A. 金银首饰　　B. 汽车轮胎　　C. 保健食品　　D. 啤酒

5. 高档手表是指销售价格(不含增值税)每只在(　　)元(含)以上的

各类手表。

A. 1 000　B. 5 000　C. 10 000　D. 50 000

6. 用甜菜配制的白酒按照(　　)征收消费税。

A. 粮食白酒　B. 薯类白酒　C. 其他酒　D. 黄酒

7. 从2006年4月1日起，调整白酒税率，粮食白酒、薯类白酒的比例税率统一为(　　)。

A. 20%　B. 25%　C. 15%　D. 10%

8. 超豪华小汽车是指每辆不含增值税零售价格在(　　)万元及以上的乘用车和中轻型商用客车。

A. 100　B. 120　C. 130　D. 180

9. 下列消费品中属于消费税征税范围的有(　　)。

A. 汽车和农用拖拉机通用的轮胎　B. 高尔夫球及球具

C. 洗发水　D. 涂料

10. 下列属于“成品油”应税项目的有(　　)。

A. 石脑油　B. 溶剂油　C. 食用油　D. 煤油

1.4 某些税目具体范围的规定

1.4.1 啤酒

1.4.1.1 关于饮食业、商业、娱乐业生产啤酒的征税问题

对饮食业、商业、娱乐业举办的啤酒屋(啤酒坊)利用啤酒生产设备

生产的啤酒，应当征收消费税。

（国家税务总局关于消费税若干征税问题的通知，国税发〔1997〕84号，发文日期：1997-05-21）

1.4.1.2 啤酒源征税问题

啤酒源是以大麦或其他粮食为原料，加入啤酒花，经糖化、发酵酿制而成的含二氧化碳的酒。在产品特性、使用原料和生产工艺流程上，啤酒源与啤酒一致，只缺少过滤过程。因此，对啤酒源应按啤酒征收消费税。

（国家税务总局关于印发《消费税问题解答》的通知，国税函〔1997〕306号，发文日期：1997-05-21）

1.4.1.3 菠萝啤酒征税问题

经向主管部门了解，菠萝啤酒是以大麦或其他粮食为原料，加入啤酒花，经糖化、发酵，并在过滤时加入菠萝精（汁）、糖酿制的含有二氧化碳的酒。其在产品特性、使用原料和生产工艺流程上与啤酒相同，只是在过滤时加上适量的菠萝精（汁）和糖，因此，对菠萝啤酒应按啤酒征收消费税。

（国家税务总局关于印发《消费税问题解答》的通知，国税函〔1997〕306号，发文日期：1997-05-21）

1.4.1.4 果啤征税问题

果啤是一种口味介于啤酒和饮料之间的低度酒精饮料，主要成分为啤酒和果汁。尽管果啤在口味和成分上与普通啤酒有所区别，但无论是从产品名称，还是从产品含啤酒的本质上看，果啤均属于啤酒，应按规定征收消费税。

（国家税务总局关于果啤征收消费税的批复，国税函〔2005〕333号，发文日期：2005-04-18）

1.4.2 其他酒

1.4.2.1 配制酒、泡制酒适用税率问题

配制酒（露酒）是指以发酵酒、蒸馏酒或食用酒精为酒基，加入可食用或药食两用的辅料或食品添加剂，进行调配、混合或再加工制成的、并改变了其原酒基风格的饮料酒。自2011年10月1日起，配制酒消费税适用税率如下：

（一）以蒸馏酒或食用酒精为酒基，同时符合以下条件的配制酒，按消费税税目税率表“其他酒”10％适用税率征收消费税。

1. 具有国家相关部门批准的国食健字或卫食健字文号。

2. 酒精度低于38度（含）。

（二）以发酵酒为酒基，酒精度低于20度（含）的配制酒，按消费税税目税率表“其他酒”10％适用税率征收消费税。

（三）其他配制酒，按消费税税目税率表“白酒”适用税率征收消费税。

上述蒸馏酒或食用酒精为酒基是指酒基中蒸馏酒或食用酒精的比重超过80％（含）；发酵酒为酒基是指酒基中发酵酒的比重超过80％（含）。

（国家税务总局关于配制酒消费税适用税率问题的公告，国家税务总局公告

2011年第53号，发文日期：2011-09-28）

政策解析 1. 通常在生产配制酒和泡制酒时以白酒、黄酒和酒精为酒基。白酒是经过糖化、发酵后，采用蒸馏方法酿制的，它必须经过蒸馏工艺，因此，国家税务总局公告2011年第53号中以蒸馏酒为酒基，也就是以白酒为酒基；黄酒是经加温、糖化、发酵、压榨酿制的酒，其加工工艺中没有蒸馏程序，因此，53号公告中以发酵酒为酒基，也就是以黄酒为酒基。

2. 在其他酒中，复制酒（配制酒或泡制酒）和药酒是两个不同的子目。药酒是指按照医药卫生部门的标准，以白酒、黄酒为酒基，加入各种药材泡制或配制的酒；复制酒是指以白酒、黄酒、酒精为酒基，加入果汁、香料、色素、药材、补品、糖、调料等配制或泡制的酒，如各种配制酒、泡制酒、滋补酒等。国家税务总局公告2011年第53号只是明确了复制酒的适用税率问题，不适用于药酒，因此，药酒一律按“其他酒”10%适用税率征收消费税。

1.4.2.2 调味料酒征税问题

鉴于国家已经出台了调味品分类国家标准，按照国家标准调味料酒属于调味品，不属于配置酒和泡制酒，对调味料酒不再征收消费税。调味料酒是指以白酒、黄酒或食用酒精为主要原料，添加食盐、植物香辛料等配制加工而成的产品名称标注（在食品标签上标注）为调味料酒的液体调味品。

（国家税务总局关于调味料酒征收消费税问题的通知，国税函〔2008〕742号，发

文日期:2008-08-21)

1.4.2.3 葡萄酒的适用税目问题

葡萄酒消费税适用《消费税税目税率(税额)表》"酒及酒精"税目下设的"其他酒"子目。葡萄酒是指以葡萄为原料,经破碎(压榨)、发酵而成的酒精度在1度(含)以上的葡萄原酒和成品酒(不含以葡萄为原料的蒸馏酒)。

以果木或谷物为原料的蒸馏酒属于粮食白酒。

(财政部 国家税务总局关于调整酒类产品消费税政策的通知,财税〔2001〕84号,发文日期:2001-05-11;国家税务总局关于印发《葡萄酒消费税管理办法(试行)》的通知,国税发〔2006〕66号,发文日期:2006-05-14)

1.4.3 贵重首饰及珠宝玉石

1.4.3.1 金刚石征税问题

金刚石又称钻石,属于贵重首饰及珠宝玉石的征收范围,应按规定征收消费税。

(国家税务总局关于印发《消费税问题解答》的通知,国税函〔1997〕306号,发文日期:1997-05-21)

1.4.3.2 宝石坯征税问题

根据《消费税征收范围注释》规定,珠宝玉石的征税范围为经采掘、打磨、加工的各种珠宝玉石。宝石坯是经采掘、打磨、初级加工的珠宝玉石半成品,因此,对宝石坯应按规定征收消费税。

(国家税务总局关于印发《消费税问题解答》的通知,国税函〔1997〕306号,发文

日期:1997-05-21)

1.4.4　成品油

1.4.4.1　润滑脂征税问题

根据润滑油消费税征收范围注释,用原油或其他原料加工生产的用于内燃机、机械加工过程的润滑产品均属于润滑油征税范围。润滑脂是润滑产品,属润滑油消费税征收范围,生产、加工润滑脂应当征收消费税。

(国家税务总局关于润滑脂产品征收消费税问题的批复,国税函〔2009〕709 号,发文日期:2009-12-15)

1.4.4.2　变压器油、导热类油等绝缘油类产品征税问题

变压器油、导热类油等绝缘油类产品不属于《财政部　国家税务总局关于提高成品油消费税税率的通知》(财税〔2008〕167 号)规定的应征消费税的"润滑油",不征收消费税。

(国家税务总局关于绝缘油类产品不征收消费税问题的公告,国家税务总局公告〔2010〕12 号,发文日期:2010-08-30)

1.4.4.3　稳定轻烃产品征税问题

油气田企业在生产石油、天然气过程中,通过加热、增压、冷却、制冷等方法回收、以戊烷和以上重烃组分组成的稳定轻烃属于原油范畴,不属于成品油消费税征税范围。

(国家税务总局关于稳定轻烃产品征收消费税问题的批复,国税函〔2010〕205 号,发文日期:2010-05-13)

1.4.4.4 催化料、焦化料征税问题

自2012年11月1日起，催化料、焦化料属于燃料油的征收范围，应当征收消费税。

（国家税务总局关于催化料、焦化料征收消费税的公告，国家税务总局公告2012年第46号，发文日期:2012-09-27）

1.4.4.5 视同石脑油、燃料油范围

一、自2013年1月1日起，纳税人以原油或其他原料（指除原油以外可用于生产加工成品油的各种原料）生产加工的在常温常压条件下（25 ℃/一个标准大气压）呈液态状（沥青除外）的产品，按以下原则划分是否征收消费税：

（一）产品符合汽油、柴油、石脑油、溶剂油、航空煤油、润滑油和燃料油征收规定的，按相应的汽油、柴油、石脑油、溶剂油、航空煤油、润滑油和燃料油的规定征收消费税；纳税人生产加工符合汽油、柴油、石脑油、溶剂油、航空煤油、润滑油和燃料油规定的产品，无论以何种名称对外销售或用于非连续生产应征消费税产品，均应按规定缴纳消费税。

（二）产品名称虽不属于成品油消费税税目列举的范围，但外观形态与应税成品油相同或相近，且主要原料可用于生产加工应税成品油的产品，符合该产品的国家标准或石油化工行业标准的相应规定（包括产品的名称、质量标准与相应的标准一致），且纳税人将省级（含）以上质量技术监督部门出具的相关产品质量检验证明留存备查的，不征收消费税；否则，视同石脑油征收消费税。

前款所称产品不包括：

1. 环境保护部发布《中国现有化学物质名录》中列明分子式的产品和纳税人取得环境保护部颁发的《新化学物质环境管理登记证》中列名的产品。

2. 纳税人取得省级(含)以上质量技术监督部门颁发的《全国工业产品生产许可证》中除产品名称注明为“石油产品”外的各明细产品。

二、自2013年1月1日起,纳税人以原油或其他原料(指除原油以外可用于生产加工成品油的各种原料)生产加工的产品(是指常温常压状态下呈暗褐色或黑色的液态或半固态产品)如以沥青产品对外销售时,该产品符合沥青产品的国家标准或石油化工行业标准的相应规定(包括名称、型号和质量标准等与相应标准一致),且纳税人将省级(含)以上质量技术监督部门出具的相关产品质量检验证明留存备查的,不征收消费税;否则,视同燃料油征收消费税。其他呈液态状产品以沥青名称对外销售或用于非连续生产应征消费税产品,适用视同石脑油政策。

沥青产品的行业标准,包括石油化工以及交通、建筑、电力等行业适用的行业性标准。

三、“相关产品质量检验证明”是指经国家认证认可监督管理委员会或省级质量技术监督部门依法授予实验室资质认定的检测机构出具的相关产品达到国家或行业标准的检验证明,且该检测机构对相关产品的检测能力在其资质认定证书附表规定的范围之内。

纳税人委托检测机构对相关产品进行检验的项目应为该产品国家或行业标准中列明的全部项目。在留存备查检验证明时,应一并留存受检产品的国家或行业标准以及检测机构具备检测资质和该产品检测能力的证明材料，包括资质认定证书及检测能力附表复印件等。

本省（自治区、直辖市、计划单列市，以下简称省市）范围内的检测机构对相关产品不能检验的，纳税人可委托其他省市符合条件的检测机构对产品进行检验，并按前款规定留存产品检验证明和检测机构资质能力证明等材料。

四、纳税人在取得省级（含）以上质量技术监督部门出具的相关产品质量检验证明的当月起，不征收消费税。经主管税务机关核实纳税人在取得产品质量检验证明之前未申报缴纳消费税的，应按规定补缴消费税。

五、对上述规定可不提供检验证明或已提供检验证明而不缴纳消费税的产品，税务机关可根据需要组织进行抽检，核实纳税人实际生产加工的产品是否符合不征收消费税的规定。

六、纳税人发生下列情形之一且未缴纳消费税的，主管税务机关应依法补征税款并予以相应处理：

（一）应提供而未提供检验证明。

（二）虽提供检验证明，但实际生产加工的产品不符合检验证明所依据的国家或行业标准。

（国家税务总局关于消费税有关政策问题的公告，国家税务总局公告 2012 年第 47 号，发文日期：2012-11-06；国家税务总局关于消费税有关政策问题补充规定的公告，国家税务总局公告 2013 年第 50 号，发文日期：2013-09-09；国家税务总局关于取消两项消费税审批事项后有关管理问题的公告，国家税务总局公告 2015 年第 39 号，

发文日期:2015-05-22)

政策解析 纳税人以原油或其他生产可用于生产加工成品油的各种原料生产的化工产品,只要该产品在外观形态上与成品油相似,除非可以证实该产品属于成品油以外的某种化学物质,否则应视同石脑油或燃料油征税。也就是说,只要纳税人生产投入的原料能够生产成品油,并且产品外观和成品油相似,纳税人就需要证明自己的产品不是成品油,而是其他化工产品,否则应视同成品油纳税。当然,有三种情形纳税人不需要证明自产的产品不是成品油:一是该产品已经在《中国现有化学物质名录》中,二是取得《新化学物质环境管理登记证》,三是《全国工业产品生产许可证》中注明产品名称为除“石油产品”外的各明细产品。

《国务院关于取消和调整一批行政审批项目等事项的决定》(国发〔2015〕11号)规定,取消“成品油消费税征税范围认定”审批事项。纳税人取得的省级以上(含)质量技术监督部门出具的相关产品质量检验证明不需要事先向税务机关备案,但是需要留存备查。

1.4.5 摩托车

根据《消费税征收范围注释》规定,轻便摩托车的征税范围为最大设计车速不超过50 km/h,发动机气缸总工作容量不超过50 ml的两轮摩托车。对最大设计车速不超过50 km/h,发动机气缸总工作容量不超过50 ml的三轮摩托车不征收消费税。

（国家税务总局关于印发《消费税问题解答》的通知，国税函〔1997〕306 号，发文日期：1997-05-21）

1.4.6 小汽车

1.4.6.1 改装改制车辆

一、关于改装改制车辆的界定。

改装改制车辆是指经省级发展改革委审核批准，并报国家发展改革委备案、列入国家发展改革委《车辆生产企业及产品公告》的公告车辆类别代码（产品型号或车辆型号代码数字字段的第一位数）为 5 的专用汽车（特种汽车）。

（财政部 国家税务总局关于消费税若干具体政策的通知，财税〔2006〕125 号，发文日期：2006-08-30）

二、改装改制车辆适用税率。

用排气量小于 1.5 升（含）的乘用车底盘（车架）改装、改制的车辆属于乘用车征收范围。用排气量大于 1.5 升的乘用车底盘（车架）或用中轻型商用客车底盘（车架）改装、改制的车辆属于中轻型商用客车征收范围。

（财政部 国家税务总局关于调整和完善消费税政策的通知，财税〔2006〕33 号，2006-03-20）

三、改装改制车辆征税范围。

《财政部 国家税务总局关于调整和完善消费税政策的通知》（财税〔2006〕33 号）中有关用车辆底盘（车架）改装、改制的车辆征收消费税的规定是为了解决用不同种类车辆的底盘(车架)改装、改制的车辆应按照何种子目(乘用车或中轻型商用客车)征收消费税的问题,并非限定只对这类改装车辆征收消费税。对于购进乘用车和中轻型商用客车整车改装生产的汽车,应按规定征收消费税。

(国家税务总局关于购进整车改装汽车征收消费税问题的批复,国税函〔2006〕772号,发文日期:2006-08-15)

1.4.6.2 中轻型商用客车的征税范围

车身长度大于7米(含),并且座位在10至23座(含)的商用客车,不属于中轻型商用客车征税范围,不征收消费税。

(财政部 国家税务总局关于消费税若干具体政策的通知,财税〔2006〕125号,发文日期:2006-08-30)

1.4.6.3 沙滩车、雪地车、卡丁车、高尔夫车征税问题

沙滩车、雪地车、卡丁车、高尔夫车不属于消费税征收范围,不征收消费税。

(国家税务总局关于沙滩车等车辆征收消费税问题的批复,国税函〔2007〕1071号,发文日期:2007-11-02)

1.4.6.4 商务车、卫星通信车征税问题

根据《财政部 国家税务总局关于调整和完善消费税政策的通知》(财税〔2006〕33号)规定,对于企业购进货车或厢式货车改装生产的商务车、卫星通信车等专用汽车不属于消费税征税范围,不征收消费税。

(国家税务总局关于厢式货车改装生产的汽车征收消费税问题的批复,国税函〔2008〕452号,发文日期:2008-05-21)

案例解析1

两轮驱动的吉普车是否属于乘用车的征税范围?

天马汽车厂生产一款两轮驱动的吉普车,请问:该车型是否属于乘用车的范围,需要缴纳消费税吗?

答:根据《财政部 国家税务总局关于调整和完善消费税政策的通知》(财税〔2006〕33号)规定,汽车是指由动力驱动,具有四个或四个以上车轮的非轨道承载的车辆。本税目征收范围包括含驾驶员座位在内最多不超过9个座位(含)的,在设计和技术特性上用于载运乘客和货物的各类乘用车和含驾驶员座位在内的座位数在10至23座(含23座)的在设计和技术特性上用于载运乘客和货物的各类中轻型商用客车。汽车税目注释并未对驱动轮的个数进行限定,因此,两轮驱动的吉普车属于乘用车的征税范围,应按乘用车的适用税率征收消费税。

案例解析2

购进汽车底盘或整车改装生产的专用车是否需要缴纳消费税?

天马专用汽车公司购进各类汽车底盘或厢式货车,生产各类专业用车,如冷藏车、商务车等。请问:天马公司生产的专用车需要缴纳消费税吗?

答:《国家税务总局关于厢式货车改装生产的汽车征收消费税问题的批复》(国税函〔2008〕452号)规定,根据《财政部 国家税务总局关于调整和完善消费税政策的通知》(财税〔2006〕33号)规定,对于企业购进货车或厢式货车改装生产的商务车、卫星通信车等专用汽车不属于消费税征税范围,不征收消费税。因此,天马公司购进各类汽车底盘或厢式货车,生产各类专业用车不需要缴纳消费税。

1.4.7 实木复合地板

实木复合地板是以木材为原料,通过一定的工艺将木材刨切加工成单板(刨切薄木)或旋切加工成单板,然后将多层单板经过胶压复合等工艺生产的实木地板。目前,实木复合地板主要为三层实木复合地板和多层实木复合地板。

(财政部 国家税务总局关于消费税若干具体政策的通知,财税〔2006〕125号,发文日期:2006-08-30)

重点难点即时练2

1. 下列货物征收消费税的有(　　)。

   A. 娱乐业举办的啤酒屋(啤酒坊)利用啤酒生产设备生产的啤酒

   B. 啤酒源

   C. 菠萝啤酒

   D. 果啤

2. 企业以52度粮食白酒为酒基加入药材、补品生产的配制酒,按(　　)的税率征收消费税。

   A. 粮食白酒　　B. 黄酒　　C. 酒精　　D. 其他酒

3. 下列货物属于其他酒的有(　　)。

A. 调味料酒

B. 以葡萄为原料,经破碎(压榨)、发酵而成的酒精度在1度(含)以上的葡萄原酒

C. 药酒

D. 以葡萄为原料的蒸馏酒

4. 下列货物征收消费税的有(　　)。

A. 宝石坯

B. 金刚石

C. 实木复合地板

D. 最大设计车速不超过50 km/h,发动机气缸总工作容量不超过50 ml的三轮摩托车

5. 下列货物不属于小汽车征税范围的有(　　)。

A. 高尔夫车

B. 沙滩车

C. 企业购进货车或厢式货车改装生产的商务车、卫星通信车

D. 车身长度大于7米(含),并且座位在10至23座(含)的商用客车

6. 下列改装、改制的车辆应按中轻型汽车征收消费税的有(　　)。

A. 用排气量小于1.5升(含)的乘用车底盘(车架)改装、改制的车辆

B. 用排气量大于1.5升的乘用车底盘(车架)改装、改制的车辆

C. 购进货车或厢式货车改装生产的商务车、卫星通信车

D. 购进中轻型商用客车整车改装生产的汽车

7. 下列货物属于成品油的有(　　)。

A. 润滑脂

B. 变压器油、导热类油等绝缘油类产品

C. 油气田企业在生产石油、天然气过程中，通过加热、增压、冷却、制冷等方法回收、以戊烷和以上重烃组分组成的稳定轻烃

D. 植物性润滑油

1.5　征税范围

《消费税暂行条例》第一条规定，在中华人民共和国境内生产、委托加工和进口本条例规定的消费品的单位和个人，以及国务院确定的销售本条例规定的消费品的其他单位和个人，为消费税的纳税人，应当依照本条例缴纳消费税。

《消费税暂行条例实施细则》第二条明确规定，在中华人民共和国境内，是指生产、委托加工和进口属于应当缴纳消费税的消费品的起运地或者所在地在境内。

政策解析　增值税把所有的流转环节包括生产销售和批发、零售都纳入了征税环节，而消费税是单环节课征制的税种，只把应税消费品制成后在我国市场上流转的第一道环节(国内直接生产的应税消费品为生产销售环节，国内间接生产也就是委托加工的应税消费品为委托

方收回环节，进口应税消费品是进口环节)，纳入了征税环节。也就是说，消费税的征税环节包括生产、委托加工、进口应税消费品三项，其中生产应税消费品又根据产品的流向具体分为生产销售和自产自用两项。

目前，在应税消费品中有三个特例：一是金银首饰，它的征税环节不是生产、委托加工和进口环节，而是零售环节；二是卷烟，它在整个流转环节需要课征两道消费税，分别为生产环节和最后一道批发环节；三是超豪华小汽车，它在整个流转环节也需要缴纳两道消费税，分别为生产环节和零售环节。

1.5.1 生产销售

《消费税暂行条例》第四条规定，纳税人生产的应税消费品，于纳税人销售时纳税。《消费税暂行条例实施细则》第五条规定，“纳税人生产的、于销售时纳税”的应税消费品，是指有偿转让应税消费品的所有权，即以从受让方取得货币、货物、劳务或其他经济利益为条件转让的应税消费品。

政策解析 消费税属于单环节课征制的税种，除另有规定外，只有生产环节销售应税消费品才征收消费税，批发、零售环节销售应税消费品不再征收消费税。这里的生产包括从无到有制造应税消费品，也包括购进应税消费品作原料，进一步生产出更高档次的应税消费品。

1.5.1.1 外购小汽车底盘或整车连续生产改装车征税问题

《财政部 国家税务总局关于调整和完善消费税政策的通知》(财税〔2006〕33 号)中有关用车辆底盘(车架)改装、改制的车辆征收消费税的规定是为了解决用不同种类车辆的底盘(车架)改装、改制的车辆应按照何种子目(乘用车或中轻型商用客车)征收消费税的问题,并非限定只对这类改装车辆征收消费税。对于购进乘用车和中轻型商用客车整车改装生产的汽车,应按规定征收消费税。

(国家税务总局关于购进整车改装汽车征收消费税问题的批复,国税函〔2006〕772 号,发文日期:2006-08-15)

案例解析3

购进小汽车整车进行改装生产出新型小汽车,新型小汽车是否需要再次缴纳消费税?

天马商用客车公司,从外地购进一批微型乘用车进行改装加工后,生产出新型的商用轻型客车。请问:天马公司这批新型商用客车是否要缴纳消费税?

答:根据《国家税务总局关于购进整车改装汽车征收消费税问题的批复》(国税函〔2006〕772 号)规定,对于购进乘用车和中轻型商用客车整车改装生产的汽车,应按规定征收消费税。因此,天马公司利用购进的微型乘用车进行改装加工后生产的商用客车,应按照规定申报缴纳消费税。

1.5.1.2 外购润滑油大包装改小包装、贴商标等简单加工的征税问题

单位和个人外购润滑油大包装经简单加工改成小包装或者外购润

滑油不经加工只贴商标的行为，视同应税消费品的生产行为。单位和个人发生的以上行为应当申报缴纳消费税。准予扣除外购润滑油已纳的消费税税款。

（财政部 国家税务总局关于消费税若干具体政策的通知，财税〔2006〕125号，发文日期：2006-08-30）

案例解析4

购进大包装润滑油分装成小包装销售需要缴纳消费税吗？

天马摩托车修理部主营摩托车修理，同时销售摩托车用的润滑油。为了节约成本，增加盈利，天马摩托车修理部从批发商处购买大包装润滑油，然后按各种型号摩托车的用量分装成了小包装。请问：天马摩托车修理部的这种行为需要缴纳消费税吗？

答：根据《财政部 国家税务总局关于消费税若干具体政策的通知》（财税〔2006〕125号）规定，单位和个人外购润滑油大包装经简单加工改成小包装或者外购润滑油不经加工只贴商标的行为，视同应税消费税品的生产行为。单位和个人发生的以上行为应当申报缴纳消费税。准予扣除外购润滑油已纳的消费税税款。因此，天马摩托车修理部发生的分装行为，应当申报缴纳消费税，同时准予扣除外购润滑油已纳的消费税税款。

1.5.1.3 外购电池、涂料大包装改小包装征税问题

自2016年1月1日起，外购电池、涂料大包装改成小包装或者外购电池、涂料不经加工只贴商标的行为，视同应税消费税品的生产行为。

发生上述生产行为的单位和个人应按规定申报缴纳消费税。

（国家税务总局关于明确电池、涂料消费税征收管理有关事项的公告，国家税务总局公告2015年第95号，发文日期：2015-12-29）

1.5.1.4 视同生产应税消费品

工业企业以外的单位和个人的下列行为视为应税消费品的生产行为，按规定征收消费税：

（一）将外购的消费税非应税产品以消费税应税产品对外销售的。

（二）将外购的消费税低税率应税产品以高税率应税产品对外销售的。

（国家税务总局关于消费税有关政策问题的公告，国家税务总局公告2012年第47号，发文日期：2012-11-06）

1.5.2 自产自用的应税消费品用于其他方面

《消费税暂行条例》第四条规定，纳税人自产自用的应税消费品，用于连续生产应税消费品的，不纳税；用于其他方面的，于移送使用时纳税。

《消费税暂行条例实施细则》明确，用于连续生产应税消费品，是指纳税人将自产自用的应税消费品作为直接材料生产最终应税消费品，自产自用应税消费品构成最终应税消费品的实体。用于其他方面，是指纳税人将自产自用应税消费品用于生产非应税消费品、在建工程、管理部门、非生产机构、提供劳务、馈赠、赞助、集资、广告、样品、职工福利、奖励等方面。

政策解析 1.《消费税暂行条例实施细则》对“自产自用的应税消费品用于其他方面的”采用了限制型的解释，将其范围限定在规定的十二项行为，不在列举的范围内的行为不属于“自产自用的应税消费品用于其他方面”，如汽车厂将自产的汽车用于做碰撞性实验。

2.“自产自用的应税消费品用于其他方面的”语言简练，但是所界定的范围比增值税的视同销售行为更加全面，它不仅明确了自产应税消费品用于集体福利和个人消费、无偿赠送属于消费税的征税范围，同时还明确了自产应税消费品用于管理部门、非生产机构、广告、样品等增值税中未做出规定的项目属于消费税的征税范围。

3. 将自产的应税消费品用于连续生产是否缴纳消费税，关键是看最终产品是否属于应税消费品：如果最终产品属于应税消费品，不需要缴纳消费税，因为半成品应税消费品的价值转移到了最终产品中，而最终产品出厂销售时需要缴纳消费税，如炼油厂将自产石脑油用于连续生产汽油；若最终产品不属于应税消费品，则半成品应税消费品用于连续生产时需要缴纳消费税，如炼油厂将自产石脑油用于连续生产塑料。

4. 将自产的应税消费品用于投资和分配股利不属于消费税的“自产自用的应税消费品用于其他方面的”范围，因为这两种模式下应税消费品取得了对价，是有偿的，它属于生产销售应税消费品的范围，消费税政策中还特别规定了这两种模式的计税依据为同类应税消费品的最高售价。例如，将自产小汽车用于投资，取得被投资方的股权，投资出去的小汽车应征消费税，并且是按同类产品最高销售价格为计税依据，而不是按照取得股权的公允价值为计税依据。

重点难点即时练3

1. 下列各项中，应当征收消费税的有（ ）。

   A. 化妆品厂作为样品赠送给客户的每克售价为9元的化妆品

   B. 用于产品质量检验耗费的高尔夫球杆

   C. 白酒生产企业向百货公司销售的试制药酒

   D. 木制品公司将自产实木地板作为样品赠送给房地产公司

2. 下列行为中不需要缴纳消费税的是（ ）。

   A. 百货商店销售金银首饰

   B. 饮食业销售的外购啤酒

   C. 汽车厂抵债的小汽车

   D. 将自产的啤酒作为福利发放给本企业职工

3. 酒厂以自产的白酒为酒基泡制药酒，则（ ）。

   A. 白酒在移送时，应纳消费税　　B. 药酒在销售时，应纳消费税

   C. 白酒在移送时，不纳消费税　　D. 药酒在销售时，不纳消费税

4. 下列情形需要缴纳消费税的是（ ）。

   A. 卷烟厂将自产的烟丝移送用于生产卷烟

   B. 炼油厂将自产的石脑油移送用于生产变压器油

C. 摩托车厂把自己生产的摩托车赠送或赞助给摩托车拉力赛赛手使用

D. 汽车制造厂把自己生产的小汽车提供给上级主管部门使用

5. 纳税人自产自用的消费品（　　），应按规定缴纳消费税。

A. 用于连续生产应税消费品　　B. 用于集资

C. 用于在建工程　　D. 用于管理部门

6. 化妆品厂某系列高档化妆品，用于下列（　　）用途时应征收消费税。

A. 促销活动中赠品

B. 职工运动会奖品

C. 加工生产其他系列高档化妆用品

D. 换取原材料

1.5.3 委托加工

《消费税暂行条例实施细则》第七条规定，委托加工的应税消费品，是指由委托方提供原料和主要材料，受托方只收取加工费和代垫部分辅助材料加工的应税消费品。

委托个人加工的应税消费品，由委托方收回后缴纳消费税。

1.5.3.1 委托加工的界定

对于由受托方提供原材料生产的应税消费品，或者受托方先将原材料卖给委托方，然后再接受加工的应税消费品，以及由受托方以委托方名义购进原材料生产的应税消费品，不论在财务上是否作销售处理，都不得作为委托加工应税消费品，而应当按照销售自制应税消费品缴纳消费税。

政策解析 消费税政策中涉及的“委托加工应税消费品”与增值税政策中的“提供加工劳务”，本质上是一种业务，只是增值税以受托方为纳税人，消费税以委托方为纳税人。消费税政策中对“委托加工应税消费品”的业务范围做出了更明确的界定，指出受托方直接或间接提供原材料的三种情况不属于委托加工应税消费品，而是受托方销售自制的应税消费品。但是，增值税中未对“加工劳务”的范围有这样的界定。原因在于消费税中必须把委托加工业务与销售自制消费品业务区分开来，这两种业务的纳税人不同，前者是委托方，后者是受托方；增值税中加工业务与销售货物业务的纳税人是相同的，都是受托方。虽然增值税政策中没有特别指出受托方提供原材料等三种情形不属于加工业务，但是《增值税暂行条例实施细则》中“加工”的定义明确要求委托方提供原料及主要材料，所以受托方提供原材料等三种情形在增值税中同样不属于提供加工劳务，而是受托方销售货物。

1.5.3.2 委托加工的应税消费品收回后出售的征税问题

委托加工的应税消费品直接出售的，不再缴纳消费税。

自2012年9月1日起，委托方将收回的应税消费品，以不高于受托方的计税价格出售的，为直接出售，不再缴纳消费税；委托方以高于受托方的计税价格出售的，不属于直接出售，需按照规定申报缴纳消费税，在计税时准予扣除受托方已代收代缴的消费税。

（财政部 国家税务总局关于《中华人民共和国消费税暂行条例实施细则》有关条款解释的通知，财法〔2012〕8号，发文日期：2012-07-13）

政策解析 委托加工环节征收消费税时，是以受托方同类应税消费品的平均销售价格为计税依据的，而委托方并不是按此价格向受托方付款，委托方支付的是加工费。所以，为了防止委托方不合理的筹划，政策明确委托方加价出售委托加工的应税消费品要征消费税。

因为消费税是单环节课征制的税种，委托加工的应税消费品在收回环节已经缴纳过消费税，所以，委托加工的应税消费品收回后无论用于什么用途（加价出售除外）都不会再缴纳消费税。它只会涉及委托加工环节已经缴纳的消费税能否抵扣的问题，即用于连续生产应税消费品的，消费税可以抵扣；没有用于连续生产应税消费品或者直接出售的，不能抵扣。

1.5.4 进口

《消费税暂行条例》第四条规定，进口的应税消费品，于报关进口时纳税。

《消费税暂行条例》第十二条规定，消费税由税务机关征收，进口的应税消费品的消费税由海关代征。个人携带或者邮寄进境的应税消费品的消费税，连同关税一并计征。具体办法由国务院关税税则委员会会同有关部门制定。

重点难点即时练4

1. 下列应税消费品应纳消费税的有(　　)。

A. 委托加工的人参酒(受托方已代收代缴消费税),委托方收回后用于直接销售的

B. 自产自用的应税消费品,用于连续生产应税消费品的

C. 委托非个体经营者加工的应税消费品(受托方已代收代缴消费税),委托方收回后用于连续加工生产应税消费品

D. 自产自用消费品,用于非生产机构的

2. 下列各项中,应当征收消费税的有(　　)。

A. 商业批发企业委托其他企业加工的特制白酒,但受托方向委托方交货时没有代收代缴税款的

B. 商业批发企业收回委托其他企业加工的特制白酒后加价销售的

C. 商业批发企业委托加工特制白酒(受托方以商业企业名义购买原材料),收回后直接销售的

D. 工业企业委托加工收回后用于连续生产料酒的特制白酒

3. 下列情形不属于委托加工应税消费品的是(　　)。

A. 委托方提供原料和主要材料,受托方只收取加工费和代垫部分辅助材料加工的应税消费品

B. 由受托方提供原材料生产的应税消费品

C. 受托方先将原材料卖给委托方,然后再接受加工的应税消费品

D. 受托方以委托方名义购进原材料生产的应税消费品

4. 纳税人收回委托加工的应税消费品后，不需再缴纳消费税的有(　　)。

A. 用于无偿赠送他人

B. 继续加工成应税消费品并销售

C. 用于对外投资

D. 用于职工福利品发放

5. 下列属于征收消费税的业务有(　　)。

A. 炼油企业将自产汽油用于本单位接送员工上下班的客运汽车

B. 金银首饰经营单位为经营单位以外的单位和个人修理金银首饰

C. 卷烟企业将外购的烟丝移送用于生产卷烟

D. 白酒厂将委托加工收回的药酒用于直接销售

6. 下列项目属于消费税征税范围的是(　　)。

A. 某单位销售已使用过的摩托车

B. 百货商店销售高档化妆品

C. 酒厂非独立核算门市部销售本厂生产的白酒

D. 进口金银首饰

7. 下列应纳消费税的是(　　)。

A. 自产高档化妆品赠送给客户

B. 用自产白酒移送用于生产配制酒

C. 将委托加工收回的烟丝移送用于生产卷烟

D. 外购小轿车供领导使用

8. 葡萄酒消费税的纳税环节是(　　)。

A. 生产环节　　B. 批发环节　　C. 进口环节　　D. 零售环节

1.5.5　批发卷烟

自2009年5月1日起,在卷烟批发环节加征一道消费税:

一、纳税义务人:在中华人民共和国境内从事卷烟批发业务的单位和个人。纳税人销售给纳税人以外的单位和个人的卷烟于销售时纳税。纳税人之间销售的卷烟不缴纳消费税。

二、征收范围:纳税人批发销售的所有牌号规格的卷烟。

三、纳税人应将卷烟销售额与其他商品销售额分开核算,未分开核算的,一并征收消费税。纳税人兼营卷烟批发和零售业务的,应当分别核算批发和零售环节的销售额、销售数量;未分别核算批发和零售环节销售额、销售数量的,按照全部销售额、销售数量计征批发环节消费税。

(财政部　国家税务总局关于调整烟产品消费税政策的通知,财税〔2009〕84号,发文日期:2009-05-26;财政部　国家税务总局关于调整卷烟消费税的通知,财税〔2015〕60号,发文日期:2015-05-07)

1.5.6　零售超豪华小汽车

自2016年12月1日起,对超豪华小汽车在零售环节加征一道消费税:

一、“小汽车”税目下增设“超豪华小汽车”子税目。征收范围为每辆零售价格130万元(不含增值税)及以上的乘用车和中轻型商用客车,即乘用车和中轻型商用客车子税目中的超豪华小汽车。对超豪华小汽车，在生产(进口)环节按现行税率征收消费税基础上，在零售环节加征消费税，税率为10%。

二、将超豪华小汽车销售给消费者的单位和个人为超豪华小汽车零售环节纳税人。

三、国内汽车生产企业直接销售给消费者的超豪华小汽车，消费税税率按照生产环节税率和零售环节税率加总计算。消费税应纳税额计算公式：

应纳税额＝销售额×(生产环节税率＋零售环节税率)

(财政部　国家税务总局关于对超豪华小汽车加征消费税有关事项的通知，财税〔2016〕129号，发文日期：2016-11-30)

重点难点即时练5

1. 下列货物销售征收消费税的有(　　)。

A. 汽车销售公司代销小汽车

B. 汽车零售商销售单价为200万元的小汽车

C. 金店零售金银首饰

D. 手表厂生产销售高档手表(不含税价为12 000元/块)

2. 下列环节对同一纳税人既征消费税又征增值税的有(　　)。

A. 卷烟的生产销售和批发环节

B. 鞭炮焰火的委托加工环节

C. 金银饰品的零售环节

D. 高档化妆品的进口环节

3. 卷烟批发企业将卷烟销售给卷烟批发企业，不征收消费税。（　　）

1.6　税率的具体规定

1.6.1　纳税人兼营不同税率的应税消费品的适用税率

《消费税暂行条例》第三条规定，纳税人兼营不同税率的应当缴纳消费税的消费品（以下简称应税消费品），应当分别核算不同税率应税消费品的销售额、销售数量；未分别核算销售额、销售数量，或者将不同税率的应税消费品组成成套消费品销售的，从高适用税率。

《消费税暂行条例实施细则》第四条规定，纳税人兼营不同税率的应当缴纳消费税的消费品，是指纳税人生产销售两种税率以上的应税消费品。

案例解析5

将白酒与黄酒或药酒组成套装销售，如何缴纳消费税？

天马酒业公司为加强对生产的新品高档白酒宣传，将新产品高档白酒与本公司生产的黄酒（或药酒）组成套装促销，应纳消费税怎样计算？

答:《消费税暂行条例》第三条规定,纳税人兼营不同应税消费品,应当分别核算不同税率应税消费品的销售额、销售数量;未分别核算销售额、销售数量,或者将不同税率的应税消费品组成成套消费品销售的,从高适用税率。也就是说,纳税人将不同税率的应税消费品组成成套消费品销售的,应按套装销售额和销售数量从高适用税率。因此,天马酒业公司将白酒与黄酒组成套装一起销售,应按销售额的全额,按20%的税率征税,同时黄酒的定额税率可以折合为0.12元/斤,低于白酒的定额税率0.5元/斤,套装应税消费品还要按照0.5元/500克征收消费税。天马酒业公司将粮食白酒与药酒包装在一起按礼品套酒销售,药酒不仅要按20%的税率从价计税,而且还要按0.5元/斤的定额税率从量计税。

1.6.2 啤酒适用税率的确定

1.6.2.1 啤酒消费税单位税额

啤酒消费税单位税额为:

(一) 每吨啤酒出厂价格(含包装物及包装物押金)在3 000元(含3 000元,不含增值税)以上的,单位税额250元/吨。

(二) 每吨啤酒出厂价格在3 000元(不含3 000元,不含增值税)以下的,单位税额220元/吨。

(三) 娱乐业、饮食业自制啤酒,单位税额250元/吨。

(财政部 国家税务总局关于调整酒类产品消费税政策的通知,财税字〔2001〕84号,发文日期:2001-05-11)

1.6.2.2 确定啤酒税率时需要考虑包装物押金

《财政部 国家税务总局关于调整酒类产品消费税政策的通知》(财税〔2001〕84号)规定啤酒消费税单位税额按照出厂价格(含包装物及包装物押金)划分档次,自2006年1月1日起,上述包装物押金不包括供重复使用的塑料周转箱的押金。

(财政部 国家税务总局关于明确啤酒包装物押金消费税政策的通知,财税〔2006〕20号,发文日期:2006-03-08)

1.6.2.3 关联企业之间销售啤酒税率的确定

按照《税收征收管理法》中"企业或者外国企业在中国境内设立的从事生产、经营的机构、场所与其关联企业之间的业务往来,应当按照独立企业之间的业务往来收取或者支付价款、费用;不按照独立企业之间的业务往来收取或者支付价款、费用,而减少其应纳税的收入或者所得额的,税务机关有权进行合理调整"和《财政部 国家税务总局关于调整酒类产品消费税政策的通知》(财税〔2001〕84号)的有关规定,对啤酒生产企业销售的啤酒,不得以向其关联企业的啤酒销售公司销售的价格作为确定消费税税额的标准,而应当以其关联企业的啤酒销售公司对外的销售价格(含包装物及包装物押金)作为确定消费税税额的标准,并依此确定该啤酒消费税单位税额。

(国家税务总局关于啤酒计征消费税有关问题的批复,国税函〔2002〕166号,发文日期:2002-02-22)

第 2 章

从价定率计征办法消费税的计算

《消费税暂行条例》第五条规定，消费税实行从价定率、从量定额，或者从价定率和从量定额复合计税（以下简称复合计税）的办法计算应纳税额。应纳税额计算公式：

实行从价定率办法计算的应纳税额＝销售额×比例税率

纳税人销售的应税消费品，以人民币计算销售额。纳税人以人民币以外的货币结算销售额的，应当折合成人民币计算。

2.1 生产销售应税消费品

2.1.1 销售额的确定

《消费税暂行条例》第六条规定，销售额为纳税人销售应税消费品向购买方收取的全部价款和价外费用。

《消费税暂行条例实施细则》明确，销售额不包括应向购货方收取的增值税税款。如果纳税人应税消费品的销售额中未扣除增值税税款或者因不得开具增值税专用发票而发生价款和增值税税款合并收取的，在计算消费税时，应当换算为不含增值税税款的销售额。其换算公式为：

应税消费品的销售额＝含增值税的销售额÷(1＋增值税税率或者征收率)

政策解析　消费税的销售额与增值税的销售额都是不含增值税，含消费税的销售额。

〔例题2-1〕　2018年7月，天马汽车制造公司(一般纳税人)生产销售中轻型商用客车1 500辆，每辆单价19.8万元(含增值税)。已知适用的消费税税率为5%，天马汽车制造公司应纳消费税多少万元?

解析：消费税应纳税额＝19.8÷(1＋16%)×1 500×5%＝1 280.17(万元)

答：天马汽车制造公司7月应纳消费税税额为1 280.17万元。

2.1.2　价外费用的范围

《消费税暂行条例实施细则》第十四条规定，价外费用是指价外向购买方收取的手续费、补贴、基金、集资费、返还利润、奖励费、违约金、滞纳金、延期付款利息、赔偿金、代收款项、代垫款项、包装费、包装物租金、储备费、优质费、运输装卸费以及其他各种性质的价外收费。但下列项目不包括在内：

(一) 同时符合以下条件的代垫运输费用：

1. 承运部门的运输费用发票开具给购买方的。

2. 纳税人将该项发票转交给购买方的。

(二) 同时符合以下条件代为收取的政府性基金或者行政事业性

收费：

1. 由国务院或者财政部批准设立的政府性基金，由国务院或者省级人民政府及其财政、价格主管部门批准设立的行政事业性收费。

2. 收取时开具省级以上财政部门印制的财政票据。

3. 所收款项全额上缴财政。

政策解析 消费税的价外费用规定与增值税的价外费用的规定本质上是一致的，正向列举了同样十八个项目，只是排除在价外费用之外的项目少了两项。因为受托加工应征消费税的消费品时，消费税的纳税人是委托方，所以价外费用的例外规定中没有“受托加工应征消费税的消费品所代收代缴的消费税”；2008 年《消费税暂行条例》修订时，汽车经销商不属于消费税的纳税人，所以价外费用的例外规定中也没有“销售货物的同时代办保险等而向购买方收取的保险费，以及向购买方收取的代购买方缴纳的车辆购置税、车辆牌照费”。

〔例题 2-2〕 2018 年 7 月，一位客户向天马汽车制造厂（增值税一般纳税人）订购特制汽车一辆（消费税税率为 5%），天马汽车制造厂以银行存款收取货款（含税）248 400 元，另外收取设计、改装费 30 000 元。该辆汽车应征消费税税额为多少元？天马汽车制造厂应如何进行会计处理？

解析：销售额＝(248 400＋30 000)÷1.16＝240 000(元)

应纳消费税税额＝240 000×5%＝12 000(元)

答：该汽车应纳消费税税额为 12 000 元。会计处理为：

借：银行存款	278 400.00
贷：主营业务收入	214 137.93
其他业务收入	25 862.07
应交税费——应交增值税(销项税额)	38 400.00
借：税金及附加	12 000.00
贷：应交税费——应交消费税	12 000.00

2.1.3 包装物的销售额以及押金

《消费税暂行条例实施细则》第十三条规定，应税消费品连同包装物销售的，无论包装物是否单独计价以及在会计上如何核算，均应并入应税消费品的销售额中缴纳消费税。如果包装物不作价随同产品销售，而是收取押金，此项押金则不应并入应税消费品的销售额中征税。但对因逾期未收回的包装物不再退还的或者已收取的时间超过12个月的押金，应并入应税消费品的销售额，按照应税消费品的适用税率缴纳消费税。

对既作价随同应税消费品销售，又另外收取押金的包装物的押金，凡纳税人在规定的期限内没有退还的，均应并入应税消费品的销售额，按照应税消费品的适用税率缴纳消费税。

政策解析 包装物押金实际上属于"保证金"，是购买方保证按照合同约定的期限返还包装物而支付给销售方的保证金。原则上讲，包装物押金在收取时不应确认收入，也不应缴纳增值税和消费税；包装物逾期未还，销售方没收押金时，企业取得了经济利益流入且导致了所有者权益增加，应确认收入，并计提增值税和消费税。

〔例题 2-3〕 2018 年 9 月 1 日，天马企业（一般纳税人）销售涂料 1 000 桶（增值税税率为 16%）时，收讫不含税销售额 200 000 元存入银行，随同产品出租包装物 1 000 件。包装物单位成本 8 元，总成本 8 000 元，采用一次摊销法。出租包装物时，收取包装物押金 11 600 元，一个月租金 464 元，交存银行。10 月 2 日，包装物逾期未退，按规定没收押金。

1. 9 月 1 日，销售涂料时：

应交消费税税额＝200 000×4%＝8 000（元）

借：银行存款	232 000	
贷：主营业务收入		200 000
应交税费——应交增值税（销项税额）		32 000
借：税金及附加	8 000	
贷：应交税费——应交消费税		8 000

2. 收押金及租金存入银行：

借：银行存款	11 600	
贷：其他应付款——存入保证金		11 600
借：银行存款	464	
贷：其他业务收入		400
应交税费——应交增值税（销项税额）		64
借：包装物——出租包装物	8 000	
贷：包装物——库存未用包装物		8 000

3. 没收逾期未退包装物押金并摊销成本：

没收押金应纳消费税税额＝11 600÷(1＋16％)×4％＝400(元)

借：其他应付款——存入保证金　　11 600

　贷：其他业务收入　　10 000

　　　应交税费——应交增值税(销项税额)　　1 600

借：税金及附加　　400

　贷：应交税金——应交消费税　　400

摊销成本：

借：其他业务成本　　8 000

　贷：包装物——出租包装物　　8 000

2.1.3.1 酒类产品包装物押金的规定

从1995年6月1日起，对酒类产品生产企业销售酒类产品而收取的包装物押金，无论押金是否返还与会计上如何核算，均需并入酒类产品销售额中，依酒类产品的适用税率征收消费税。

（财政部 国家税务总局关于酒类产品包装物押金征税问题的通知，财税字〔1995〕53号，发文日期：1995-06-09）

2.1.3.2 啤酒、黄酒不适用酒类产品包装物押金政策

根据《消费税暂行条例》的规定，对啤酒和黄酒实行从量定额的办法征收消费税，即按照应税数量和单位税额计算应纳税额。按照这一办法征税的消费品的计税依据为应税消费品的数量，而非应税消费品的销售额，征税的多少与应税消费品的数量成正比，而与应税消费品的销售金额无直接关系。因此，对酒类包装物押金征税的规定只适用于

实行从价定率办法征收消费税的粮食白酒、薯类白酒和其他酒，而不适用于实行从量定额办法征收消费税的啤酒和黄酒产品。

（国家税务总局关于印发《消费税问题解答》的通知，国税函〔1997〕306号，发文日期：1997-05-21）

2.1.4 关于组成套装销售的计税依据

自2006年4月1日起，纳税人将自产的应税消费品与外购或自产的非应税消费品组成套装销售的，以套装产品的销售额（不含增值税）为计税依据。

（财政部 国家税务总局关于调整和完善消费税政策的通知，财税〔2006〕33号，发文日期：2006-03-20）

案例解析6

将白酒与酒杯组成套装销售，酒杯需要缴纳消费税吗？

天马酒业公司将生产的白酒与外购的玻璃酒杯组成套装销售，如果酒杯与白酒能够分开核算收入，酒杯需要缴纳消费税吗？

答：根据《财政部 国家税务总局关于调整和完善消费税政策的通知》（财税〔2006〕33号）规定，纳税人将自产的应税消费品与外购或自产的非应税消费品组成套装销售的，以套装产品的销售额（不含增值税）为计税依据。因此，天马酒业公司无论是否将非应税消费品酒杯分别核算，均应按套装产品的销售额（不含增值税）为计税依据，也就是说，酒杯需要缴纳消费税。

2.1.5　价格明显偏低的计税依据

《消费税暂行条例》第十条规定，纳税人应税消费品的计税价格明显偏低并无正当理由的，由主管税务机关核定其计税价格。

《消费税暂行条例实施细则》第二十一条规定，应税消费品的计税价格的核定权限规定如下：

（一）卷烟、白酒和小汽车的计税价格由国家税务总局核定，送财政部备案。

（二）其他应税消费品的计税价格由省、自治区和直辖市国家税务局核定。

（三）进口的应税消费品的计税价格由海关核定。

2.1.6　通过自设非独立核算门市部销售自产应税消费品

纳税人通过自设非独立核算门市部销售的自产应税消费品，应当按照门市部对外销售额或者销售数量征收消费税。

（国家税务总局关于印发《消费税若干具体问题的规定》的通知，国税发〔1993〕156号，发文日期：1993-12-29）

《消费税若干具体问题规定》规定的“非独立核算门市部”的概念是一个大概念，它涵盖所有生产企业自设的非独立核算的应税消费品的销售单位。因此，脱普日用化学品（中国）有限公司生产的应税消费税，消费税的计税依据是该公司自设的非独立核算的上海销售公司的对外销售价格。

（国家税务总局转发《关于消费税有关政策问题的批复》的通知，国税函〔2000〕

248号,发文日期:2000-04-30)

2.1.7 按最高销售价格计税的情形

纳税人用于换取生产资料和消费资料,投资入股和抵偿债务等方面的应税消费品,应当以纳税人同类应税消费品的最高销售价格作为计税依据计算消费税。

(国家税务总局关于印发《消费税若干具体问题的规定》的通知,国税发〔1993〕156号,发文日期:1993-12-29)

政策解析 消费税中以物易物、以物抵债、以物投资的应税消费品,不是按照换入非货币资产的公允价值或抵偿的债务额作为计税依据,而是按照同类应税消费品的最高售价作为计税依据,这是消费税中非常特别的规定,增值税中无类似的规定。

〔例题2-4〕 2018年7月,天马电池厂(一般纳税人)将自产电池与原料供应商进行交换,用10 000节电池换取生产材料一批,并取得对方开具的增值税专用发票,已知同型号电池当期的最高售价是每节2元(不含税),平均售价是每节1.8元(不含税)。请问:天马电池厂该笔业务应纳增值税和消费税税额分别是多少?

解析:纳税人用于换取生产资料和消费资料的应税消费品,应当以纳税人同类应税消费品的最高销售价格作为计税依据计算消费税。

应纳消费税税额=10 000×2×4%=800(元)

增值税政策中从来没有按照同期同类货物最高价格作为计税依据

的规定，因此，用于换取原料的电池应该以平均售价计算销售额。

应纳增值税销项税额＝10 000×1.8×16%＝2 880(元)

答：天马电池厂该笔业务应纳消费税为800元，应纳增值税销项税额为2 880元。

2.1.8 外币销售额

《消费税暂行条例实施细则》第十一条规定，纳税人销售的应税消费品，以人民币以外的货币结算销售额的，其销售额的人民币折合率可以选择销售额发生的当天或者当月1日的人民币汇率中间价。纳税人应在事先确定采用何种折合率，确定后1年内不得变更。

2.1.9 销货退回

自2015年12月23日起，纳税人销售的应税消费品，因质量等原因发生退货的，其已缴纳的消费税税款可予以退还。

纳税人办理退税手续时，应将开具的红字增值税发票、退税证明等资料报主管税务机关备案。主管税务机关核对无误后办理退税。

（国家税务总局关于取消销货退回消费税退税等两项消费税审批事项后有关管理问题的公告，国家税务总局公告2015年第91号，发文日期：2015-12-23）

重点难点即时练6

1. 纳税人向购买方收取的下列款项，在计算应纳消费税时，可不列作计税依据的是(　　)。

A. 增值税税款

B. 返还利润

C. 不作价随同除啤酒、黄酒以外的酒类产品销售收取的包装物押金

D. 品牌使用费

2. 应税消费品生产企业向购买方收取的(　　)应并入销售额征收消费税。

A. 包装费　　B. 仓储费

C. 优质费　　D. 延期付款利息

3. 纳税人销售的应税消费品，如因质量等原因由购买者退回时，(　　)。

A. 不予退还已征收的消费税税款

B. 向所在地主管税务机关提交红字发票及退税证明后可以退还已征收的消费税税款

C. 已征收的消费税税款抵减本期或以后期间应纳消费税税额

D. 可退可不退已征收的消费税税款

4. 下列关于销售货物时，包装物的处理正确的是(　　)。

A. 应税消费品连同包装物销售的，如果包装物单独计价且单独核算，则不计入应税消费品的销售额不缴纳消费税

B. 应税消费品连同包装物销售的，如果包装物单独计价且单独核算，包装物的销售额应按包装物的适用税率缴纳消费税

C. 如果包装物不作价随同产品销售，而是收取押金，此项押金已收取的时间超过12个月的，应并入应税消费品的销售额，按照应税消费品的适用税率缴纳消费税

D. 对既作价随同应税消费品销售，又另外收取押金的包装物的押金，凡纳税人在规定的期限内没有退还的，均应并入应税消费品的销售额

5. 下列关于应税消费品销售价格明显偏低，计税价格的核定权限的说法正确的有(　　)。

A. 卷烟、白酒的计税价格由国家税务总局核定

B. 小汽车的计税价格由省、自治区和直辖市国家税务局核定

C. 高档化妆品的计税价格由省、自治区和直辖市国家税务局核定

D. 成品油的计税价格由县级主管税务机关核定

6. 下列有关销售额的说法正确的有(　　)。

A. 纳税人将自产的应税消费品与外购或自产的非应税消费品组成套装销售的，以套装产品的不含税销售额作为计税依据

B. 纳税人通过自设独立核算门市部销售的自产应税消费品，应当按照门市部对外销售额或者销售数量征收消费税

C. 化妆品厂用于换取化工原料的高档化妆品，应当以纳税人同类应税消费品的最高销售价格作为计税依据计算消费税

D. 纳税人销售的应税消费品，以人民币以外的货币结算销售额的，可以选择按当天的人民币汇率中间价折合为人民币

7. 纳税人用于(　　)的应税消费品，均以纳税人的同类应税消费品的

最高销售价格作为计税依据。

A. 投资入股　　B. 捐赠他人

C. 换取生产资料和消费资料　　D. 抵偿债务

8. 天马汽车制造公司(一般纳税人)生产销售中轻型商用客车 1 500 辆,每辆单价 19.72 万元(含增值税),已知商用客车适用的消费税税率为 5%,该公司应纳消费税(　　)万元。

A. 1 408.57　　B. 1 435.92　　C. 1 479　　D. 1 275

2.2 自产自用应税消费品

《消费税暂行条例》第七条规定,纳税人自产自用的应税消费品,按照纳税人生产的同类消费品的销售价格计算纳税;没有同类消费品销售价格的,按照组成计税价格计算纳税。

实行从价定率办法计算纳税的组成计税价格计算公式:

组成计税价格=(成本+利润)÷(1-比例税率)

2.2.1 同类消费品的销售价格

《消费税暂行条例实施细则》第十五条规定,同类消费品的销售价格,是指纳税人当月销售的同类消费品的销售价格,如果当月同类消费品各期销售价格高低不同,应按销售数量加权平均计算。但销售的应税消费品有下列情况之一的,不得列入加权平均计算:

（一）销售价格明显偏低并无正当理由的。

（二）无销售价格的。

如果当月无销售或者当月未完结，应按照同类消费品上月或者最近月份的销售价格计算纳税。

2.2.2　成本

《消费税暂行条例实施细则》第十六条规定，成本是指应税消费品的产品生产成本。

2.2.3　全国平均成本利润率

《消费税暂行条例实施细则》第十六条规定，利润是指根据应税消费品的全国平均成本利润率计算的利润。应税消费品全国平均成本利润率由国家税务总局确定。

应税消费品全国平均成本利润率规定如下：

1. 甲类卷烟 10%；2. 乙类卷烟 5%；3. 雪茄烟 5%；4. 烟丝 5%；5. 粮食白酒 10%；6. 薯类白酒 5%；7. 其他酒 5%；8. 高档化妆品 5%；9. 鞭炮、焰火 5%；10. 贵重首饰及珠宝玉石 6%；11. 摩托车 6%；12. 乘用车 8%；13. 中轻型商用客车 5%；14. 高尔夫球及球具 10%；15. 高档手表 20%；16. 游艇 10%；17. 木制一次性筷子 5%；18. 实木地板 5%；19. 电池 4%；20. 涂料 7%。

（国家税务总局关于印发《消费税若干具体问题的规定》的通知，国税发〔1993〕156 号，发文日期：1993-12-29；财政部　国家税务总局关于调整和完善消费税政策的通知,财税〔2006〕33号,发文日期:2006-03-20;国家税务总局关于明确电池、涂料消费税征收管理有关事项的公告,国家税务总局公告2015年第95号,发文日期:2015-12-29)

案例解析7

自产自用应税消费品组成计税价格中的成本利润率可以用企业自己核算的成本利润率吗?

企业能够准确提供自身的成本利润率,计算自产自用应税消费品组成计税价格时,采用全国平均成本利润率还是企业个别的成本利润率。

天马化妆品公司按照会计核算资料能够准确计算出本企业的成本利润率为4%。2018年7月,天马化妆品公司在电视台为新研制的高档化妆品做宣传时,将500瓶高档化妆品作为样品发放。天马化妆品公司在计算这500瓶化妆品组成计税价格时,应采用自身的成本利润率4%还是全国平均成本利润率5%?

答:天马化妆品公司应采用全国平均成本利润率5%。《消费税暂行条例实施细则》第十六条规定,利润是指根据应税消费品的全国平均成本利润率计算的利润。应税消费品全国平均成本利润率由国家税务总局确定。因此,计算组成计税价格时,统一采用全国平均成本利润率,天马公司即便能够提供自身的成本利润率,也不采用。

政策解析 对于生产销售和自产自用采用比例税率的应税消费品,大多数情况下,增值税的计税依据和消费税的计税依据相同,都是含消费税而不含增值税的销售额,销售额中都含有价外费用。组成计税价格的公式表面上看增值税采用的是加法算式，消费税采用的是除法算式，其实结果是一致的，都包括成本、利润和消费税三个部分，计算利润的成本利润率都采用了《消费税若干具体问题的规定》中的成本利润率。但是有一个区别：纳税人用于换取生产资料和消费资料，投资入股和抵偿债务等方面的应税消费品，消费税以纳税人同类应税消费品的最高售价作为计税依据，增值税中没有按最高售价作为计税依据的规定。

〔例题2-5〕　2018年7月，天马摩托车厂（增值税一般纳税人）将1辆自产摩托车无偿赠送给专业摩托车赛手，其成本为5 000元/辆，成本利润率6%，适用消费税税率10%。已知该厂没有同类摩托车的售价资料，请计算天马摩托车厂当月应缴纳的消费税和增值税的销项税额。

解析：组成计税价格＝5 000×(1＋6%)÷(1－10%)＝5 888.89（元）

应纳消费税＝5 888.89×10%＝588.89（元）

增值税销项税额＝5 888.89×16%＝942.22（元）

或增值税销项税额＝[5 000×(1＋6%)＋588.89]×16%＝5 888.89×16%＝942.22（元）。

答：天马摩托车厂7月应纳消费税588.89元，应纳增值税销项税额为942.22元。

会计处理为：

借：营业外支出　　6 531.11

　贷：库存商品　　5 000.00

　　应交税费——应交增值税(销项税额)　　942.22

　　应交税费——应交消费税　　588.89

2.3 委托加工应税消费品

《消费税暂行条例》第八条规定，委托加工的应税消费品，按照受托方的同类消费品的销售价格计算纳税；没有同类消费品销售价格的，按照组成计税价格计算纳税。

实行从价定率办法计算纳税的组成计税价格计算公式：

组成计税价格＝(材料成本＋加工费)÷(1－比例税率)

2.3.1 同类消费品的销售价格

《消费税暂行条例实施细则》第十五条规定，同类消费品的销售价格，是指代收代缴义务人当月销售的同类消费品的销售价格，如果当月同类消费品各期销售价格高低不同，应按销售数量加权平均计算。但销售的应税消费品有下列情况之一的，不得列入加权平均计算：

(一) 销售价格明显偏低并无正当理由的。

(二) 无销售价格的。

如果当月无销售或者当月未完结，应按照同类消费品上月或者最近月份的销售价格计算纳税。

2.3.2 材料成本

《消费税暂行条例实施细则》第十八条规定，材料成本是指委托方所提供加工材料的实际成本。

委托加工应税消费品的纳税人，必须在委托加工合同上如实注明（或者以其他方式提供）材料成本，凡未提供材料成本的，受托方主管税务机关有权核定其材料成本。

2.3.3 加工费

《消费税暂行条例实施细则》第十九条规定，加工费是指受托方加工应税消费品向委托方所收取的全部费用（包括代垫辅助材料的实际成本）。

案例解析8

委托加工组成计税价格中的加工费是否含有增值税？

委托加工应税消费品，当受托方按照组成计税价格计算代收代缴消费税时，受托方收取的加工费是否应换算为不含增值税的价款？

答：增值税是价外税，增值税税额不应包含在价格中。《消费税暂行条例实施细则》也明确，销售额不包括应向购货方收取的增值税税款。所以，受托方取得的加工费应换算为不含增值税的价款计算组成计税价格。

〔例题2-6〕 天马烟丝加工厂为增值税一般纳税人，2018年7月接受富华烟厂委托加工烟丝。富华烟厂提供烟叶的成本为 32 000 元，烟丝收回后将用于生产卷烟。天马烟丝加工厂在交货时开具增值税专用发票，注明代垫辅助材料 2 000 元（不含税），加工费 50 000 元（不含税），增值税 8 320 元；代垫材料费、加工费、代收代缴消费等款项均已收到。已知天马烟丝加工厂无同类烟丝销售价格资料，烟丝消费税税率为 30%，成本利润率为 5%，请问：天马烟丝加工厂应代收代缴富华烟厂多少消费税？富华烟厂应如何进行会计处理？

解析：应代收代缴消费税＝(32 000＋2 000＋50 000)÷(1－30%)×30%＝36 000（元）

答：天马烟丝加工厂应代收代缴消费税 36 000 元。

富华烟厂的会计处理为：

(1) 发出材料时：

借：委托加工物资　　32 000

　贷：原材料——烟叶　　32 000

(2) 支付加工费时：

借：委托加工物资　　52 000

　　应交税费——应交增值税（进项税额）　　8 320

　贷：银行存款　　60 320

(3) 被代收代缴消费税时：

借：应交税费——应交消费税　　36 000

　贷：银行存款　　36 000

(4) 加工完毕收回烟丝入库时:

借:原材料——烟丝 84 000

贷:委托加工物资 84 000

2.3.4 个人委托加工金银首饰及珠宝玉石的计税依据

对消费者个人委托加工的金银首饰及珠宝玉石,可暂按加工费征收消费税。

(国家税务总局关于消费税若干征税问题的通知,国税发〔1994〕130号,发文日期:1994-05-26)

2.4 进口应税消费品

《消费税暂行条例》第九条规定,进口的应税消费品,按照组成计税价格计算纳税。

实行从价定率办法计算纳税的组成计税价格计算公式:

组成计税价格=(关税完税价格+关税)÷(1-消费税比例税率)

《消费税暂行条例实施细则》第二十条规定,关税完税价格是指海关核定的关税计税价格。

〔例题2-7〕 2018年7月,天马外贸进出口公司(增值税一般纳税人)从日本进口140辆小轿车,每辆海关的关税完税价格为8万元,已知小轿车关税税率为110%,消费税税率为5%。天马外贸进出口公司进口这批轿车应缴纳多少进口消费税和进口增值税？应如何进行会计处理？（小轿车货款尚未支付给出口商，进口关税、消费税、增值税已经缴纳，并取得海关开具的完税凭证）

解析：组成计税价格＝140×80 000×（1＋110%）÷（1－5%）＝24 757 894.74（元）

应纳消费税税额＝24 757 894.74×5%＝1 237 894.74（元）

应纳增值税税额＝24 757 894.74×16%＝3 961 263.16（元）

答：天马外贸进出口公司进口这批轿车应纳进口消费税1 237 894.74元，进口增值税3 961 263.16元。会计处理为：

借：库存商品	24 757 894.74
应交税费——应交增值税（进项税额）	3 961 263.16
贷：应付账款	11 200 000.00
银行存款	17 519 157.90

重点难点即时练 7

1. 2018年7月，天马手表厂（增值税一般纳税人）发生下列经济业务：

（1）销售A型手表500只给商场，每只不含税售价8 000元。

（2）销售B型手表80只给特约经销商，每只不含税售价15 000元，另外收取单独计价的包装盒（80个）价款，每个20元（含税），运输费2 000元。

(3) 通过自设的非独立核算的门市部对外零售B型手表8只(不带包装盒),每只含税售价18 000元。

(4) 将B型手表6只(不带包装盒)以明显的低价用于抵偿所欠机芯厂债务98 280元。

计算天马手表厂当月应纳增值税销项税额和消费税税额。

2. 2018年7月,天马进出口公司进口小汽车120辆(小汽车消费税税率为5%),每辆关税完税价格为80 000元,关税税率为25%。当月在国内销售了70辆进口的小汽车,取得不含税销售收入9 200 000元。请计算:该公司本月进口环节和内销环节应纳的增值税、消费税各多少?

3. 2018年7月,天马化妆品生产企业(增值税一般纳税人)生产加工一批新型高档化妆品500件,每件成本价200元(该企业无同类产品市场销售价格),全部按成本价出售给本企业职工,取得不含税销售额100 000元。(消费税税率15%,成本利润率5%。)

计算天马化妆品生产企业应纳增值税销项税额和消费税税额是多少。

4. 2018年7月,天马化妆品厂(增值税一般纳税人)受托加工A类高档化妆品10件,受托方同类产品含增值税售价为11 600元/件;受托加工B类高档化妆品5件,委托方提供的材料成本为40 000元,加工费(不含税)为10 000元,受托方不销售B类高档化妆品。高档化妆品的税率为15%,计算天马化妆品厂应代收代缴消费税税额是多少?

5. 有出口经营权的天马外贸企业2018年7月进口摩托车200辆,每辆的关税完税价格为20 000元,已纳关税10 000元。当月在国内销售100辆，获得含税销售收入4 500 000元；将50辆委托某商业企业代销，当月取得商业企业支付的含税代销收入3 000 000元；另外50辆委托给某加工厂加工改造成三轮摩托车，支付加工改造费150 000元，已取得增值税专用发票。收回后直接销售，获得含税销售收入3 500 000元。试计算该外贸企业当月应纳的消费税税额和增值税税额，以及加工厂应代收代缴的消费税税额。（消费税税率为10%）

2.5 超豪华小汽车零售环节消费税

自2016年12月1日起，对超豪华小汽车的在零售环节加征一道消费税：

一、“小汽车”税目下增设“超豪华小汽车”子税目。征收范围为每辆零售价格130万元（不含增值税）及以上的乘用车和中轻型商用客车，即乘用车和中轻型商用客车子税目中的超豪华小汽车。对超豪华小汽车，在生产（进口）环节按现行税率征收消费税基础上，在零售环节加征消费税，税率为10%。

二、将超豪华小汽车销售给消费者的单位和个人为超豪华小汽车零售环节纳税人。

三、超豪华小汽车零售环节消费税应纳税额计算公式：

应纳税额＝零售环节销售额（不含增值税）×零售环节税率

国内汽车生产企业直接销售给消费者的超豪华小汽车，消费税税率按照生产环节税率和零售环节税率加总计算。消费税应纳税额计算公式：

应纳税额＝销售额×（生产环节税率＋零售环节税率）

四、对于2016年11月30日（含）之前已签订汽车销售合同，但未交付实物的超豪华小汽车，自12月1日（含）起5个工作日内，纳税人持已签订的汽车销售合同，向其主管税务机关备案。对按规定备案的不征收零售环节消费税，未备案以及未按规定期限备案的，征收零售环节消费税。

（财政部　国家税务总局关于对超豪华小汽车加征消费税有关事项的通知，财税〔2016〕129号，发文日期：2016-11-30）

〔例题2-8〕　天马汽车零售商（增值税一般纳税人）经销宝马汽车，2018年7月销售各款汽车共30辆，其中单台不含税销售额不超过130万元的有28辆，销售额合计1 960万元，单台不含税销售额超过130万元的有2辆，销售额合计400万元。请计算天马汽车零售商2018年7月应纳增值税销项税额和消费税税额。

解析：汽车零售商销售的全部汽车均需要缴纳增值税，销售的零售价不超过130万元的28辆小汽车不需要缴纳消费税，超过130万元的2辆小汽车需要缴纳消费税。

应纳消费税税额＝4 000 000×10％＝400 000（元）

增值税销项税额＝（19 600 000＋4 000 000）×16％＝3 776 000（元）

答：天马汽车零售商2018年7月应纳增值税销项税额为3 776 000

元，应纳消费税为400 000元。

〔例题2-9〕 天马汽车厂（增值税一般纳税人）生产奔驰汽车，2018年7月销售各款汽车共500辆，其中气缸容量为2.0的有280辆（消费税税率为5%），销售额合计320万元，气缸容量为3.0的有220辆（消费税税率为12%），销售额合计480万元。另外将两辆气缸容量为4.0的超豪华小汽车（消费税税率为25%）赠送给电影制片厂，同类汽车每辆出厂不含税价格为200万元。请计算天马汽车厂2018年7月应纳增值税销项税额和消费税税额。

解析：汽车厂销售的全部汽车均需要缴纳增值税和消费税，天马汽车厂赠送给电影制片厂的2辆小汽车，属于超豪华小汽车，需要缴纳增值税和两道消费税。

应纳消费税税额＝3 200 000×5%＋4 800 000×12%
＋2 000 000×2×(25%＋10%)
＝2 136 000(元)

增值税销项税额＝(3 200 000＋4 800 000＋2 000 000×2)×16%
＝1 920 000(元)

答：天马汽车厂2018年7月应纳增值税销项税额为1 920 000元，应纳消费税税额为2 136 000元。

第3章

从量定额及复合计征办法消费税的计算

按照消费税政策规定，啤酒、黄酒、成品油采用从量定额的办法计征消费税；卷烟、白酒采用复合计税的办法计征消费税。

3.1 从量定额计征办法消费税的计算

消费税实行从量定额办法计算应纳税额的，计算公式为：

实行从量定额办法计算的应纳税额＝销售数量×定额税率

《消费税暂行条例实施细则》第九条规定，销售数量是指应税消费品的数量。具体为：

（一）销售应税消费品的，为应税消费品的销售数量。

（二）自产自用应税消费品的，为应税消费品的移送使用数量。

（三）委托加工应税消费品的，为纳税人收回的应税消费品数量。

（四）进口应税消费品的，为海关核定的应税消费品进口征税数量。

根据《消费税暂行条例》的规定，对啤酒和黄酒实行从量定额的办法征收消费税，即按照应税数量和单位税额计算应纳税额。按照这一办法征税的消费品的计税依据为应税消费品的数量，而非应税消费品的销售额，征税的多少与应税消费品的数量成正比，而与应税消费品的销售金额无直接关系。因此，对酒类包装物押金征税的规定只适用于实行复合计税办法和从价定率办法征收消费税的粮食白酒、薯类白酒和其他酒，而不适用于实行从量定额办法征收消费税的啤酒和黄酒产品。

（国家税务总局关于印发《消费税问题解答》的通知，国税函〔1997〕306号，发文日期：1997-05-21）

案例解析9

啤酒、黄酒的逾期包装物押金需要缴纳消费税和增值税吗？

天马啤酒厂销售啤酒时无偿将塑料周转箱提供给购买方使用，每个周转箱收取押金60元，合同约定的返还期限为一年，因购买方逾期未返还包装物而没收的押金，需要缴纳消费税和增值税吗？

答：根据《国家税务总局关于印发〈消费税问题解答〉的通知》（国税函〔1997〕306号）规定，对啤酒和黄酒实行从量定额的办法征收消费税，即按照应税数量和单位税额计算应纳税额。按照这一办法征税的消费品的计税依据为应税消费品的数量，而非应税消费品的销售额，征税的多少与应税消费品的数量成正比，而与应税消费品的销售金额无直接关系。因此，对酒类包装物押金征税的规定只适用于实行从价定率办法征收消费税的粮食白酒、薯类白酒和其他酒，而不适用于实行从量定额办法征收消费税的啤酒和黄酒产品。因此，天马啤酒厂没收逾期塑料周转箱押金不需要缴纳消费税，但需要计算缴纳增值税。

〔例题3-1〕 某石油化工厂为增值税一般纳税人，2018年7月生产销售汽油1 000吨，单价2 500元/吨；销售柴油500吨，单价2 000元/吨；

该厂用30吨柴油换20吨大米用于发放职工福利；当月该厂购进原料收到增值税专用发票注明增值税税额为500 000元(已入库)。计算当月该厂应纳增值税、消费税税额是多少。(计量单位换算标准：汽油1吨=1 388升；柴油：1吨=1 176升；柴油生产成本为1 500元/吨)

解析：(1) 应纳消费税=1 000×1 388×1.52+(500+30)×1 176×1.2=2 857 696(元)

(2) 增值税销项税额=[1 000×2 500+(500+30)×2 000]×16%=569 600(元)

(3) 增值税进项税额=500 000(元)

(4) 应纳增值税=569 600−500 000=69 600(元)

答：该石油化工厂7月应纳增值税69 600元，消费税2 857 696元。

〔例题3-2〕 天马啤酒厂为小规模纳税人，2018年7月发生以下经济业务：

(1) 销售自产啤酒10吨，销售单价为2 900元/吨(含税)；随同啤酒销售出租塑料周转箱10个，收取押金100元/个，租金20元/个，租期为一个月。

(2) 收回啤酒塑料周转箱30个，退回押金；确认逾期未收回啤酒塑料周转箱15个。

请计算天马啤酒厂7月应缴纳的增值税、消费税是多少。

解析：(1) 销售啤酒应纳增值税=[10×(2 900+20)÷1.03]×3%=850.49(元)

(2) 逾期未收回啤酒塑料周转箱押金应补增值税＝(15×100÷1.03)×3%＝43.69(元)

(3) 应交增值税合计＝850.49＋43.69＝894.18(元)

(4) 因为每吨啤酒销售价格为(2 900＋20)÷1.03＝2 834.95 元＜3 000 元/吨，所以，单位税额为 220 元/吨。

应交消费税＝10×220＝2 200(元)

答：天马啤酒厂 7 月应纳增值税 894.18 元，消费税 2 200 元。

重点难点即时练 8

1. 2018 年 7 月，天马黄酒厂共销售黄酒 40 吨，实现销售收入 176 000元，其中委托外协单位加工收回后直接销售的 10 吨。当月用于本厂职工福利发放的黄酒 2 吨，用于该厂产品订货会样品酒 0.5 吨。请问天马黄酒厂 7 月应纳消费税为多少元?

2. 2018 年 7 月，天马啤酒厂(增值税一般纳税人)销售自产苹果啤酒 20 吨给某服务公司，开具专用发票注明的金额 68 000 元，收取包装物押金 1 000 元；销售苦瓜啤酒 10 吨给宾馆，开具增值税普通发票收取含税价款 30 760 元，收取包装物押金 2 500 元。请问天马啤酒厂应 7 月缴纳的消费税是多少元?

3. 天马外贸公司为增值税一般纳税人，2018 年 7 月进口某外国品牌黄酒 400 吨，每吨到岸价格为 3 000 元，黄酒的关税税率为 15%，黄酒的单位税额为 240 元。请计算天马外贸公司当月应纳进口消费税和进口增值税税额是多少。

3.2 复合计征办法应纳税额的计算方式

目前采用复合计税办法计征消费税的有白酒和卷烟两种应税消费品，其中卷烟在生产环节和批发环节均采用复合计税方法。

《消费税暂行条例》第五条规定，消费税实行复合计税办法计算应纳税额的，应纳税额计算公式：

实行复合计税办法计算的应纳税额＝销售额×比例税率＋销售数量×定额税率

纳税人销售的应税消费品，以人民币计算销售额。纳税人以人民币以外的货币结算销售额的，应当折合成人民币计算。

政策解析 复合计税办法消费税应纳税额由两部分组成，一部分是比例消费税，一部分是定额消费税。比例消费税部分销售额的计算与采用从价定率计税办法的高档化妆品、鞭炮焰火等的销售额计算基本相同，但有两点区别：一是国家税务总局为全部卷烟和部分白酒核定了最低计税价格，它实际上是一个托底的计税依据，纳税人实际销售价格高于最低计税价格的，按实际销售价格计税，实际销售价格低于最低计税价格的，按最低计税价格计税，采用从价定率计税方法的应税消费品，国家税务总局没有为其核定最低计税价格；二是复合计税办法的三个组成计税价格公式与从价定率办法的不同，复合计税办法的三个组成计税价格公式分别要在从价定率办法的三个组成计税价格公式的分子上加上从量部分消费税。定额税率部分销售数量的计算与采用从量定额计税办法的啤酒、黄酒、成品油完全一致。

3.2.1 白酒消费税计税办法

自2001年5月1日起,粮食白酒、薯类白酒开始实行复合计税办法。凡在中华人民共和国境内生产、委托加工、进口粮食白酒、薯类白酒的单位和个人,都应缴纳从量定额消费税和从价定率消费税。

3.2.1.1 白酒消费税税率

一、白酒的定额税率与比例税率。

粮食白酒(含果木或谷物为原料的蒸馏酒)、薯类白酒消费税的定额税率和比例税率为:

(一) 定额税率:粮食白酒、薯类白酒每斤(500 ml)0.5元。从量定额税的计量单位按实际销售商品重量确定,如果实际销售商品是按体积标注计量单位的,应按500 ml为1斤换算,不得按酒度折算。

(二) 比例税率:粮食白酒和薯类白酒税率均为20%。

二、白酒税率的适用。

(一) 外购酒精生产的白酒,应按酒精所用原料确定白酒的适用税率。凡酒精所用原料无法确定的,一律按照粮食白酒的税率征税。

(二) 外购两种以上酒精生产的白酒,一律从高确定税率征税。

(三) 以外购白酒加浆降度,或外购散酒装瓶出售,以及外购白酒以曲香、香精进行调香、调味生产的白酒，按照外购白酒所用原料确定适用税率。凡白酒所用原料无法确定的，一律按照粮食白酒的税率征税。

（四）以外购的不同品种白酒勾兑的白酒，一律按照粮食白酒的税率征税。

（五）对用粮食和薯类、糠麸等多种原料混合生产的白酒，一律按照粮食白酒的税率征税。

（六）对用薯类和粮食以外的其他原料混合生产的白酒，一律按照薯类白酒的税率征税。

（国家税务总局关于印发《消费税若干具体问题的规定》的通知，国税发〔1993〕156号，发文日期：1993-12-28）

3.2.1.2 生产销售白酒计税依据

一、定额消费税部分。

生产销售粮食白酒、薯类白酒，从量定额计税办法的计税依据为粮食白酒、薯类白酒的实际销售数量。

二、比例消费税部分。

销售额为纳税人销售应税消费品向购买方收取的全部价款和价外费用，但不包括应向购货方收取的增值税税款。销售额的规定与采用从价定率办法（具体内容见2.1生产销售应税消费品）完全相同，如组成套装销售的，以套装产品的销售额为计税依据；用于换取生产资料和消费资料，投资入股和抵偿债务等方面的应税消费品，应当以纳税人同类应税消费品的最高销售价格作为计税依据等；在此不再赘述。

（一）关于“品牌使用费”征税问题。

白酒生产企业向商业销售单位收取的“品牌使用费”是随着应税白酒的销售而向购货方收取的，属于应税白酒销售价款的组成部分，因此，不论企业采取何种方式或以何种名义收取价款，均应并入白酒的销售额中缴纳消费税。

（国家税务总局关于酒类产品消费税政策问题的通知，国税发〔2002〕109号，发文日期：2002-08-26）

（二）包装物押金。

从1995年6月1日起，对酒类产品生产企业销售酒类产品而收取的包装物押金，无论押金是否返还与会计上如何核算，均需并入酒类产品销售额中，依酒类产品的适用税率征收消费税。

（财政部 国家税务总局关于酒类产品包装物押金征税问题的通知，财税字〔1995〕53号，发文日期：1995-06-09）

〔例题3-3〕 2018年7月，天马酒厂（增值税一般纳税人）生产粮食白酒100吨全部用于销售，当月取得不含税销售额480万元，同时收取品牌使用费15万元，当期收取包装物押金5万元。3个月以前收取的包装物押金已经逾期，购买方未按期返还包装物，当期没收包装物押金3万元。请计算天马酒厂7月应纳消费税。

解析：销售白酒时收取的品牌使用费15万元，属于价外费用；销售除啤酒、黄酒以外的酒类产品收取的包装物押金，应在收取当期纳税，逾期没收时不再纳税，当期收取的包装物押金5万元应当缴纳消费税。

应纳税额＝100×2 000×0.5÷10 000＋[480＋(15＋5)÷(1＋16%)]×20%

＝10＋99.45＝109.45(万元)

答:天马酒厂7月应纳消费税税额为109.45万元。

3.2.1.3 自产自用白酒计税依据

一、定额消费税部分。

自产自用粮食白酒、薯类白酒,从量定额计税办法的计税依据为移送使用数量。

二、比例消费税部分。

《消费税暂行条例》第七条规定,纳税人自产自用的应税消费品,按照纳税人生产的同类消费品的销售价格计算纳税;没有同类消费品销售价格的,按照组成计税价格计算纳税。

实行复合计税办法计算纳税的组成计税价格计算公式:

组成计税价格＝(成本＋利润＋自产自用数量×定额税率)÷(1－比例税率)

〔例题3-4〕 2018年7月,天马酒厂研发生产一种新型粮食白酒,第一批1 000千克,成本为17万元,作为礼品赠送给客户品尝,该粮食白酒没有同类产品售价。已知粮食白酒的成本利润率10%,该批粮食白酒应纳消费税多少万元?

解析:该批粮食白酒组成计税价格＝[17×(1＋10%)＋1 000×2×0.5÷10 000]÷(1－20%)＝23.5(万元)

应纳消费税= 23.5×20%+1 000×2×0.5÷10 000=4.8(万元)

答:该批粮食白酒应纳消费税为 4.8 万元。

3.2.1.4　委托加工白酒计税依据

一、定额消费税部分。

委托加工粮食白酒、薯类白酒,从量定额计税办法的计税依据为委托方收回数量。

二、比例消费税部分。

《消费税暂行条例》第八条规定,委托加工的应税消费品,按照受托方的同类消费品的销售价格计算纳税;没有同类消费品销售价格的,按照组成计税价格计算纳税。

实行复合计税办法计算纳税的组成计税价格计算公式:

组成计税价格=(材料成本+加工费+委托加工数量×定额税率)÷(1-比例税率)

〔例题 3-5〕　2018 年 7 月,天马企业委托乙酒厂加工一批粮食白酒和一批黄酒,天马企业提供原材料,实际成本(不含税)分别为 7 000 元和 3 000 元,支付加工费(不含税)分别为 2 000 元和 1 000 元,乙酒厂另开具普通发票收取代垫粮食白酒辅助材料款不含税 500 元。已知乙酒厂无同类粮食白酒和黄酒销售价格,天马企业共收回粮食白酒 1 000 千克,黄酒2 000千克。请问:乙酒厂应代收代缴多少消费税?

解析:白酒采用复合计税办法,应按照组成计税价格计算从价消费税,按照委托方收回的数量计算从量消费税;黄酒采用从量定额计税办法，应按照委托方收回的数量计算应纳消费税税额。

应代收代缴消费税＝(7 000＋2 000＋500＋1 000×2×0.5)÷(1－20%)×20%＋1 000×2×0.5＋2×240＝3 625＋480＝4 105(元)

答：乙酒厂应代收代缴的消费税为 4 105 元。

3.2.1.5 进口白酒计税依据

一、定额消费税部分。

进口粮食白酒、薯类白酒，从量定额计税办法的计税依据为海关核定的进口征税数量。

二、比例消费税部分。

《消费税暂行条例》第九条规定，进口的应税消费品，按照组成计税价格计算纳税。

实行复合计税办法计算纳税的组成计税价格计算公式：

组成计税价格＝(关税完税价格＋关税＋进口数量×消费税定额税率)÷(1－消费税比例税率)

〔例题 3-6〕 2018 年 7 月，天马酒厂(一般纳税人)销售自产薯类白酒 2 吨，每吨含税售价 15 000 元，收取包装物押金 2 000 元，期限为一年；外购酒精 2 吨，取得专用发票注明的销售额为 8 000 元，增值税税额为 1 280 元，当月全部领用，勾兑白酒 3 吨，销售取得含税销货款 20 000 元(酒精所用原料无法确定)；另外，该酒厂研制生产一种新的粮食白酒，广告样品使用 0.2 吨，已知该种白酒无同类产品出厂价，生产成本为每吨 35 000 元，成本利润率为 10%。请计算该酒厂 7 月应纳消费税税额(小数点后保留两位小数)。

解析:天马酒厂勾兑白酒所用的外购白酒原料无法确定,因此,销售的勾兑白酒应按照粮食白酒的税率征收消费税。

销售自产薯类白酒应纳消费税税额=(15 000×2+2 000)÷1.16×20%+2×2 000×0.5=7 517.24(元)

销售勾兑白酒应纳消费税=20 000÷1.16×20%+3×2 000×0.5=6 448.28(元)

广告样品自用白酒应纳消费税=0.2×[35 000×(1+10%)+2 000×0.5]÷(1-20%)×20%+0.2×2 000×0.5=2 175(元)

应纳消费税合计=7 517.24+6 448.28+2 175=16 140.52(元)

答:天马酒厂7月应纳消费税为16 140.52元。

重点难点即时练9

1. 天马酒厂(一般纳税人)2018年7月发生以下业务:

(1) 将自产的粮食白酒1 000千克销售给甲,不含税销售额为50 000元;销售给乙100千克,不含税销售额为6 000元。共收取包装物押金464元,月末返还400元,其余64元没收。

(2) 用上述粮食白酒200千克用于换取旧汽车一部自用。

(3) 支付生产用自来水水费,专用发票注明的价款为100 000元,税额3 000元,该发票在当月认证。

(4) 外购包装酒瓶 10 万个,取得增值税专用发票注明税额 8 500 元,该发票尚未得到认证,货物尚未入库。

请计算天马酒厂 7 月应纳的增值税和消费税。(粮食白酒的消费税税率为 20%,0.5 元/斤)

2. 天马白酒生产企业为增值税一般纳税人,2018 年 7 月发生以下业务:

(1) 向某烟酒专卖店销售粮食白酒 20 吨,开具普通发票,取得含税收入 200 万元,另收取品牌使用费 50 万元、包装物租金 10 万元、运输装卸费 10 万元。

(2) 提供 10 万元的原材料委托乙企业加工散装药酒 1 000 千克,收回时向乙企业支付不含增值税的加工费 1 万元,乙企业已代收代缴消费税。

(3) 委托加工收回后将其中 900 千克散装药酒继续加工成瓶装药酒 1 800 瓶,以每瓶不含税售价 100 元,通过非独立核算门市部销售完毕;将剩余 100 千克散装药酒作为福利分给职工,同类散装药酒的不含税销售价为每千克 150 元。

(说明:药酒的消费税税率为 10%,白酒的消费税税率为 20%,0.5 元/斤)

要求:根据上述资料,请计算回答下列问题。

(1) 计算 7 月天马企业向专卖店销售白酒应缴纳消费税。

(2) 计算乙企业应代收代缴消费税。

(3) 计算 7 月天马企业销售瓶装药酒应缴纳消费税。

(4) 计算 7 月天马企业分给职工散装药酒应缴纳消费税。

3.2.1.6 加强白酒消费税征收管理

酒类消费税包括从价消费税和从量消费税，主要在生产环节征收。白酒生产企业为了避税，普遍设立自己的销售公司，先将生产出的白酒低价出售给销售公司，然后再由销售公司高价出售给经销商，以此规避部分从价消费税。为保全税基，防止一些不法白酒生产企业利用低价销售白酒给关联性质销售公司以逃避生产环节征收白酒消费税行为，国家税务总局制定了《白酒消费税最低计税价格核定管理办法(试行)》，对销售价格偏低的白酒核定消费税最低计税价格。

(一) 税务机关核定消费税最低计税价格的情形。

白酒生产企业销售给销售单位的白酒，生产企业消费税计税价格低于销售单位对外销售价格(不含增值税)70%以下的，税务机关应核定消费税最低计税价格。

自2015年6月1日起，纳税人将委托加工收回的白酒销售给销售单位，消费税计税价格低于销售单位对外销售价格(不含增值税)70%以下，属于计税价格明显偏低并无正当理由的情形，税务机关应核定消费税最低计税价格。

销售单位，是指销售公司、购销公司以及委托境内其他单位或个人包销本企业生产白酒的商业机构。销售公司、购销公司，是指专门购进并销售白酒生产企业生产的白酒，并与该白酒生产企业存在关联性质。包销，是指销售单位依据协定价格从白酒生产企业购进白酒，同时承担大部分包装材料等成本费用，并负责销售白酒。

(二) 白酒消费税最低计税价格核定标准。

1. 白酒生产企业销售给销售单位的白酒，生产企业消费税计税价格高于销售单位对外销售价格70%（含70%）以上的，税务机关暂不核定消费税最低计税价格。

2. 白酒生产企业销售给销售单位的白酒，生产企业消费税计税价格低于销售单位对外销售价格70%以下的，消费税最低计税价格由税务机关根据生产规模、白酒品牌、利润水平等情况在销售单位对外销售价格50%至70%范围内自行核定。其中生产规模较大，利润水平较高的企业生产的需要核定消费税最低计税价格的白酒，税务机关核价幅度原则上应选择在销售单位对外销售价格60%至70%范围内。

（三）计税销售额。

已核定最低计税价格的白酒，生产企业实际销售价格高于消费税最低计税价格的，按实际销售价格申报纳税；实际销售价格低于消费税最低计税价格的，按最低计税价格申报纳税。

白酒生产企业未按上述规定上报销售单位销售价格的，主管国家税务局应按照销售单位销售价格征收消费税。

（四）最低计税价格的核定权限。

主管税务机关应将白酒生产企业申报的销售给销售单位的消费税计税价格低于销售单位对外销售价格70%以下、年销售额1 000万元以上的各种白酒，在规定的时限内逐级上报至国家税务总局。税务总局选择其中部分白酒核定消费税最低计税价格。

除税务总局已核定消费税最低计税价格的白酒外，其他消费税计税价格低于销售单位对外销售价格（不含增值税）70%以下的生产企业，消费税最低计税价格由各省、自治区、直辖市和计划单列市国家税务局核定。

（五）重新核定计税价格的情形。

已核定最低计税价格的白酒，销售单位对外销售价格持续上涨或下降时间达到3个月以上、累计上涨或下降幅度在20%（含）以上的白酒，税务机关重新核定最低计税。

（国家税务总局关于加强白酒消费税征收管理的通知，国税函〔2009〕380号，发文日期：2009-07-17；国家税务总局关于白酒消费税最低计税价格核定问题的公告，国家税务总局公告2015年第37号，发文日期：2015-05-19）

3.2.2 生产销售卷烟消费税计税办法

自2001年6月1日起，卷烟消费税计税办法由《消费税暂行条例》规定的实行从价定率计算应纳税额的办法，调整为实行从量定额和从价定率相结合计算应纳税额的复合计税办法。在中华人民共和国境内生产、委托加工、进口卷烟的单位和个人，都应当缴纳从量定额消费税和从价定率消费税。

适用复合计税办法的烟类产品仅限于卷烟，雪茄烟、烟丝仍采用从价定率的计征方式。

3.2.2.1 工业环节卷烟消费税税率

卷烟消费税定额税率和比例税率为：

（一）定额税率：卷烟的从量定额税率为0.003元/支。

（二）比例税率：自2009年5月1日起，调整卷烟生产环节（含进口)消费税的从价税税率。

1. 甲类卷烟,即每标准条(200支)调拨价格在70元(不含增值税)以上(含70元)的卷烟,税率调整为56%。

2. 乙类卷烟,即每标准条调拨价格在70元(不含增值税)以下的卷烟,税率调整为36%。

“卷烟调拨价格”,是指卷烟生产企业向商业企业销售卷烟的价格,不含增值税。

(财政部 国家税务总局关于调整烟产品消费税政策的通知,财税〔2009〕84号,发文日期:2009-05-26)

3. 下列卷烟一律适用56%的比例税率:

白包卷烟;手工卷烟;自产自用没有同牌号、规格调拨价格的卷烟;委托加工没有同牌号、规格调拨价格的卷烟;未经国务院批准纳入计划的企业和个人生产的卷烟。

(财政部 国家税务总局关于调整烟类产品消费税政策的通知,财税〔2001〕91号,发文日期:2001-06-04;财政部 国家税务总局关于调整烟产品消费税政策的通知,财税〔2009〕84号,发文日期:2009-05-26)

〔例题3-7〕 2018年7月,天马卷烟厂销售卷烟50 000大箱(50 000支/箱),不含税销售额为5 000万元。计算天马卷烟厂7月应纳消费税税额。

解析:每大箱卷烟为50 000支,每条卷烟为200支,所以每大箱卷烟为250条。

每条卷烟售价=5 000×10 000÷50 000÷250=4(元)

每条卷烟的出厂价4元<70元，所以卷烟适用税率为36%。

应纳税额=50 000×150÷10 000+5 000×36%=2 550(万元)

答：天马卷烟厂2018年7月销售卷烟应缴纳消费税为2 550万元。

3.2.2.2　生产销售卷烟的计税依据

一、定额消费税部分。

生产销售卷烟从量消费税的计税依据为卷烟的实际销售数量。

二、比例消费税部分。

(一) 卷烟工业环节计税销售额的确定。

已经国家税务总局核定计税价格的卷烟，生产企业实际销售价格高于计税价格的，按实际销售价格确定适用税率，计算应纳税款并申报纳税；实际销售价格低于计税价格的，按计税价格确定适用税率，计算应纳税款并申报纳税。未经国家税务总局核定计税价格的新牌号、新规格卷烟，生产企业应按卷烟调拨价格申报纳税。“卷烟调拨价格”是指卷烟生产企业向商业企业销售卷烟的不含增值税价格。

(卷烟消费税计税价格信息采集和核定管理办法，国家税务总局令第26号，发文日期：2011-10-27)

(二) 非标准卷烟计税销售额的确定。

非标准条包装卷烟应当折算成标准条包装卷烟的数量，依其实际销售收入计算确定其折算成标准条包装后的实际销售价格，并确定适用的比例税率。折算的实际销售价格高于计税价格的，应按照折算的实际销售价格确定适用比例税率；折算的实际销售价格低于计税价格的，应按照同牌号规格标准条包装卷烟的计税价格和适用税率征税。

非标准条包装卷烟是指每条包装多于或者少于200支的条包装卷烟。

（财政部 国家税务总局关于调整烟类产品消费税政策的通知，财税〔2001〕91号，发文日期：2001-06-04）

〔例题3-8〕 2018年7月，天马卷烟厂销售卷烟500大箱（50 000支/箱），不含税销售额500万元。已知国家税务总局公布的该牌号卷烟的计税价格为每条45元。计算天马卷烟厂当月应纳消费税。

解析：每大箱卷烟为50 000支，每条卷烟为200支，所以每大箱卷烟为250条。

每条卷烟售价＝500×10 000÷500÷250＝40（元）

每条卷烟的实际销售价40元＜计税价格45元，应按卷烟实际销售价格45元计征消费税并确定适用税率，45元＜70元，税率为36%。

应纳税额＝500×150÷10 000＋500×36%＝187.5（万元）

答：天马卷烟厂2018年7月销售卷烟应缴纳消费税为187.5万元。

3.2.2.3 自产自用卷烟计税依据

一、定额消费税部分。

自产自用卷烟从量定额计税的依据为移送使用数量。

二、比例消费税部分。

《消费税暂行条例》第七条规定，纳税人自产自用的应税消费品，按照纳税人生产的同类消费品的销售价格计算纳税；没有同类消费品销售价格的，按照组成计税价格计算纳税。

实行复合计税办法计算纳税的组成计税价格计算公式：

组成计税价格＝(成本＋利润＋自产自用数量×定额税率)÷(1－比例税率)

(财政部　国家税务总局关于调整烟类产品消费税政策的通知，财税〔2001〕91号，发文日期：2001-06-04；卷烟消费税计税价格信息采集和核定管理办法，国家税务总局令第26号，发文日期：2011-10-27)

政策解析　财税〔2001〕91号文件规定，自产自用没有同牌号、规格调拨价格的卷烟消费税税率一律为56%。纳税人自产自用的卷烟，如果能取得同牌号、规格卷烟平均销售价格资料的，应按照平均销售价格作为从价消费税的计税依据，只有无法取得同牌号、规格卷烟销售价格时，才会以组成计税价格作为从价消费税的计税依据。因此，利用组成计税价格公式计算卷烟组成计税价格时，比例税率一律为56%。

〔例题3-9〕　天马卷烟厂为增值税一般纳税人，2018年7月有关生产经营情况如下：

(1) 卷烟厂新研制乙牌号卷烟，还未投放市场。当月将8大箱乙牌号卷烟用于发放样品。已知每大箱卷烟的生产成本为4 000元。

(2) 生产白包卷烟10大箱用于发放职工福利。每箱的对外售价为1.2万元。

要求：计算天马卷烟厂7月份应缴纳的增值税、消费税。

解析：天马卷烟厂将自产的乙牌号卷烟发放样品，属于自产自用的应税消费品用于其他方面，应征收消费税，由于乙牌号卷烟没有同类应税消费品销售价格，比例消费税部分计税依据为组成计税价格。天马卷烟厂将自产的白包卷烟用于发放职工福利，也属于自产自用的应税消费品用于其他方面，比例消费税部分计税依据为同类应税消费品平均销售价格。

乙牌号卷烟组成计税价格＝8×[4 000×(1＋10％)＋150]÷(1－56％)＝82 727.27(元)

应纳消费税＝8×150＋82 727.27×56％＋10×150＋12 000×10×56％＝116 227.27(元)

答：天马卷烟厂2018年7月应纳消费税116 227.27元。

3.2.2.4　委托加工卷烟计税依据

一、定额消费税部分。

委托加工卷烟从量定额计税依据为委托方收回数量。

二、比例消费税部分。

《消费税暂行条例》第八条规定，委托加工的应税消费品，按照受托方的同类消费品的销售价格计算纳税；没有同类消费品销售价格的，按照组成计税价格计算纳税。

实行复合计税办法计算纳税的组成计税价格计算公式：

$$\text{组成计税价格}=\left(\text{材料成本}+\text{加工费}+\text{委托加工数量}\times\text{定额税率}\right)\div(1-\text{比例税率})$$

(财政部　国家税务总局关于调整烟类产品消费税政策的通知，财税〔2001〕91号，发文日期：2001-06-04；卷烟消费税计税价格信息采集和核定管理办法，国家税务

总局令第 26 号,发文日期:2011-10-27)

政策解析 财税〔2001〕91 号文件规定,委托加工没有同牌号、规格调拨价格的卷烟消费税税率一律为 56%。纳税人委托加工的卷烟,如果能取得受托方同牌号、规格卷烟平均销售价格资料的,应按照受托方平均销售价格作为从价消费税的计税依据,只有无法取得受托方同牌号、规格卷烟销售价格时,才会以组成计税价格作为从价消费税的计税依据。因此,利用组成计税价格公式计算卷烟组成计税价格时,比例税率一律为 56%。

〔例题 3-10〕 天马卷烟厂为增值税一般纳税人,2018 年 7 月有关生产经营情况如下:

(1) 从某烟丝厂购进已税烟丝 200 吨,每吨不含税单价 2 万元,取得烟丝厂开具的增值税专用发票,注明货款 400 万元、增值税 64 万元,烟丝已验收入库。

(2) 向农业生产者收购烟叶 30 吨,收购凭证上注明支付收购价款 40 万元,价外补贴 2 万元;烟叶验收入库后,又将其运往烟丝厂加工成烟丝,取得烟丝厂开具的增值税专用发票,注明支付加工费 8 万元、增值税 1.28 万元。

(3) 天马卷烟厂当月销售给卷烟专卖商 18 000 箱卷烟,取得不含税销售额 36 000 万元。

要求:计算天马卷烟厂 7 月应缴纳的增值税、烟丝厂应代收代缴消费税额以及天马卷烟厂 7 月应缴纳消费税税额。

解析：1. 增值税：(1)进项税额＝64＋(40＋2)×12%＋1.28＝70.32(万元)

(2) 销项税额＝36 000×16%＝5 760(万元)

(3) 应纳增值税＝5 760－70.32＝5 689.68(万元)

2. 消费税：(1) 烟丝厂应代收代缴消费税税额＝[(40＋2)－(40＋2)×12%＋8]÷(1－30%)×30%＝19.27(万元)

(2) 销售卷烟每标准条售价为：36 000×10 000÷18 000÷250＝80(元)

80元＞70元，所以卷烟的适用税率为56%。

天马卷烟厂7月销售卷烟应纳消费税＝36 000×56%＋18 000×150÷10 000＝20 430(万元)

答：天马卷烟厂7月销售卷烟应缴纳增值税5 689.68万元，烟丝厂应代收代缴消费税为19.27万元，天马卷烟厂7月应纳消费税为20 430万元。

3.2.2.5　进口卷烟计税依据

一、定额消费税部分。

进口卷烟从量定额计税依据为海关核定的报送进口数量。

二、比例消费税部分。

自2004年3月1日起，进口卷烟消费税适用比例税率按以下办法确定：

1. 每标准条进口卷烟(200支)确定消费税适用比例税率的价格＝(关税完税价格＋关税＋消费税定额税率)÷(1－消费税税率)。其中，关税完税价格和关税为每标准条的关税完税价格及关税税额；消费税定额税率为每标准条(200 支)0.6 元(依据现行消费税定额税率折算而成)；消费税税率固定为 36%。

2. 每标准条进口卷烟(200 支)确定消费税适用比例税率的价格大于等于 70 元人民币的，适用比例税率为 56%；每标准条进口卷烟(200 支)确定消费税适用比例税率的价格小于 70 元人民币的，适用比例税率为 36%。

3. 进口消费税税额的计算：依据确定的消费税适用比例税率，计算进口卷烟消费税组成计税价格，并进一步计算应纳消费税税额。

(1) 进口卷烟消费税组成计税价格＝(关税完税价格＋关税＋消费税定额税)÷(1－进口卷烟消费税适用比例税率)。

(2) 应纳消费税税额＝进口卷烟消费税组成计税价格×进口卷烟消费税适用比例税率＋消费税定额税。

其中，消费税定额税＝海关核定的进口卷烟数量×消费税定额税率，消费税定额税率为每标准箱(50 000 支)150 元。

(财政部　国家税务总局关于调整进口卷烟消费税税率的通知，财税〔2004〕22 号，发文日期：2004-01-29)

政策解析　计算卷烟进口消费时，需要计算两个组成计税价格，第一个组成计税价格分母中消费税比例税率是 36%，它仅用于确定卷烟消费税适用税率，别无他用。第二个组成计税价格分母中消费税比例税率要按照第一个组成计税价格是否超过每条 70 元确定，第一个组成计税价格不低于每条 70 元，消费税税率为 56%；第一个组成计税价格低于每条 70 元，消费税税率为 36%；第二个组成计税价格是计算应纳进口消费税比例消费税部分的计税依据。

〔例题 3-11〕 天马外贸公司有进出口经营权，2018 年 7 月从国外进口卷烟 200 箱(每箱 250 条，每条 200 支)，支付买价 1 500 000 元，到达我国海关前的运输费为 20 000 元，保险费为 8 000 元，假定进口卷烟关税税率为 20%。请计算该批卷烟在进口环节应缴纳的消费税金额。

解析：(1) 关税完税价格＝1 500 000＋20 000＋8 000＝1 528 000(元)

关税＝1 528 000×20%＝305 600(元)

(2) 每条进口卷烟适用比例税率的组成计税价格＝[(1 528 000＋305 600)÷200÷250＋0.6]÷(1－36%)＝37.272÷(1－36%)＝58.24(元)<70 元

因此，该批卷烟适用消费税税率为 36%。

(3) 进口卷烟应纳消费税＝150×200＋(1 528 000＋305 600＋150×200)÷(1－36%)×36%＝30 000＋1 048 275＝1 078 275(元)

答：该批卷烟应纳进口消费税为 1 078 275 元。

3.2.2.6 卷烟消费税计税价格信息采集和核定管理

卷烟消费税计税价格是卷烟消费税最低计税价格的简称，它是由国家税务总局根据各牌号规格卷烟批发价格分别核定的，作为卷烟生产企业销售各牌号规格卷烟申报纳税的托底价格。已经国家税务总局核定计税价格的卷烟，生产企业实际销售价格高于计税价格的，按实际销售价格确定适用税率，计算应纳税款并申报纳税；实际销售价格低于计税价格的，按计税价格确定适用税率，计算应纳税款并申报纳税。

国家税务总局为了可靠地核定各牌号规格卷烟计税价格，必须采集各牌号规格卷烟的批发价格。2011 年 10 月 17 日，国家税务总局发布新的《卷烟消费税计税价格信息采集和核定管理办法》，自 2012 年 1 月 1 日起施行。

一、价格信息采集和核定范围。

卷烟价格信息采集范围为在中华人民共和国境内销售的所有牌号、规格的卷烟。

卷烟消费税最低计税价格核定范围为卷烟生产企业在生产环节销售的所有牌号、规格的卷烟。

二、价格信息采集的内容。

卷烟价格信息采集的内容包括：卷烟牌号规格、卷烟类别、卷烟条包装商品条码、销售数量、销售价格和销售额及其他相关信息。

“卷烟牌号规格”，是指经国家烟草专卖局批准生产的卷烟商标牌号规格。

“卷烟条包装商品条码”，是指经国家烟草专卖局批准并下发的，符合国家标准规定的 13 位条包装卷烟的商品标识代码和非标准包装（如听、扁盒等）卷烟的外包装商品标识代码。

三、价格信息采集环节及采集机关。

（一）批发环节。

卷烟批发企业所在地主管税务机关负责卷烟价格信息采集和审核

工作。卷烟批发企业每月申报纳税时填写《卷烟批发企业月份销售明细清单》(以下简称《清单》),将其作为申报附报资料,按月向主管税务机关报送。

国家税务总局依据国家烟草专卖局备案信息及《清单》,建立全国统一的卷烟信息库,记录各牌号规格卷烟核价的相关信息。

(二)生产环节。

卷烟生产企业于次年的1月填写《卷烟生产企业年度销售明细表》(以下简称《明细表》),于当月消费税纳税申报时一并向主管税务机关报送。

《清单》和《明细表》由主管税务机关审核后,于申报期结束后10个工作日内逐级上报至省(自治区、直辖市和计划单列市)国家税务局(以下简称省国家税务局)。省国家税务局应于次月15日前,上报国家税务总局。

四、计税价格核定公式。

计税价格由国家税务总局按照卷烟批发环节销售价格扣除卷烟批发环节批发毛利核定并发布。计税价格的核定公式为:

某牌号、规格卷烟计税价格＝批发环节销售价格×(1－适用批发毛利率)

(一)批发环节销售价格。

卷烟批发环节销售价格,按照税务机关采集的所有卷烟批发企业在价格采集期内销售的该牌号、规格卷烟的数量、销售额进行加权平均计算。计算公式为:

$$\text{批发环节销售价格} = \frac{\sum \text{该牌号规格卷烟各采集点的销售额}}{\sum \text{该牌号规格卷烟各采集点的销售数量}}$$

（二）批发毛利率。

卷烟批发毛利率具体标准为：

1. 调拨价格满146.15元的一类烟34%。

2. 其他一类烟29%。

3. 二类烟25%。

4. 三类烟25%。

5. 四类烟20%。

6. 五类烟15%。

调整后的卷烟批发毛利率，由国家税务总局另行发布。

（三）卷烟类别。

“卷烟类别”，是指国家烟草专卖局划分的卷烟类别，即一类卷烟、二类卷烟、三类卷烟、四类卷烟和五类卷烟。

一类卷烟是指每标准条（200支，下同）调拨价格满100元的卷烟。

二类卷烟是指每标准条调拨价格满70元不满100元的卷烟。

三类卷烟是指每标准条调拨价格满30元不满70元的卷烟。

四类卷烟是指每标准条调拨价格满16.5元不满30元的卷烟。

五类卷烟是指每标准条调拨价格不满16.5元的卷烟。

五、已核定计税价格卷烟重新核定计税价格的情形及核定时限。

（一）已经核定计税价格的卷烟，发生下列情况，国家税务总局将重新核定计税价格：

1. 卷烟价格调整的。

2. 卷烟批发毛利率调整的。

3. 通过《清单》采集的卷烟批发环节销售价格扣除卷烟批发毛利后，卷烟平均销售价格连续6个月高于国家税务总局已核定计税价格10%，且无正当理由的。

（二）重新核定计税价格的时限。

1. 全行业卷烟价格或毛利率调整的，由国家烟草专卖局向国家税务总局提请重新调整计税价格。国家税务总局于收到申请调整计税价格文件后1个月内核定并发布。

2. 个别牌号、规格卷烟价格调整的，由卷烟生产企业向主管税务机关提出重新核定计税价格的申请，主管税务机关逐级上报至国家税务总局。国家税务总局于收到申请调整计税价格文件后1个月内核定并发布。

3. 连续6个月高于计税价格的，经相关省国家税务局核实后，且无正当理由的，国家税务总局于收到省国家税务局核实文件后1个月内核定并发布。

（三）调整计税价格的原因及程序。

对于因卷烟批发企业申报《清单》中销售价格信息错误，造成纳税人对税务总局核定的计税价格有异议的，纳税人可自计税价格执行之日起向主管税务机关提出调整计税价格的申请。主管税务机关收到申请后，应核实纳税人该牌号规格卷烟的生产经营情况，计算该牌号规格卷烟自正式投产以来的加权平均销售价格，对确需调整计税价格的，应于收到申请后 25 日内，将申请调整计税价格文件逐级上报至税务总局。税务总局收到文件后，重新采集该牌号规格卷烟批发环节销售价格，采集期为已核定计税价格执行之日起连续 6 个月，采集期满后调整并发布计税价格。

六、新牌号、新规格卷烟的价格信息采集。

“新牌号卷烟”，是指在国家工商行政管理总局商标局新注册商标牌号，且未经国家税务总局核定计税价格的卷烟。

“新规格卷烟”，是指 2009 年 5 月 1 日卷烟消费税政策调整后，卷烟名称、产品类型、条与盒包装形式、包装支数等主要信息发生变更时，必须作为新产品重新申请新的卷烟商品条码的卷烟。

（一）新牌号、新规格卷烟的价格报送时限。

新牌号、新规格卷烟信息，由国家烟草专卖局于批准生产企业新牌号、新规格卷烟执行销售价格的当月，将卷烟牌号规格、类别、卷烟条包装商品条码、调拨价格、批发价格及建议计税价格等信息送国家税务总局。

卷烟生产企业应于新牌号、新规格卷烟实际销售的当月将上述信息报送主管税务机关。

（二）新牌号、新规格卷烟计税价格核定时限。

新牌号、新规格的卷烟，国家税务总局于收到国家烟草专卖局相关信息满 8 个月或信息采集期满 6 个月后的次月核定并发布。

（三）生产企业未按期报送新牌号、新规格卷烟价格的处理。

对于在 6 个月内未按规定向国家税务总局报送信息资料的新牌号、

新规格卷烟，国家税务总局将按照《清单》采集的实际销售价格适用最低档批发毛利率核定计税价格。

纳税人按照税务总局核定的计税价格计算缴纳消费税满1年后，可向主管税务机关提出调整计税价格的申请。主管税务机关应于收到申请后15日内，将申请调整计税价格文件逐级上报至税务总局。税务总局收到文件后30日内，根据当期已采集的该牌号规格卷烟批发环节连续6个月的销售价格，调整并发布计税价格。

（四）新牌号、规格卷烟的计税依据。

未经国家税务总局核定计税价格的新牌号、新规格卷烟，生产企业应按卷烟调拨价格申报纳税。

“卷烟调拨价格”，是指卷烟生产企业向商业企业销售卷烟的价格，不含增值税。

（五）生产企业将新牌号、规格卷烟套用其他牌号、规格卷烟的处理。

卷烟生产企业套用其他牌号、规格卷烟已核定计税价格，造成企业少缴消费税税款的，由主管税务机关自新牌号、新规格卷烟投放市场之日起调整卷烟生产企业应纳税收入，追缴少缴消费税税款，并按照《税收征收管理法》有关规定处理。

自2017年10月1日起，调整纳税人应纳税收入时，应按照采集的该牌号、规格卷烟市场零售价格适用最低档批发毛利率确定计税价格。

（卷烟消费税计税价格信息采集和核定管理办法，国家税务总局令第26号，发文日期：2011-10-27；国家税务总局关于卷烟消费税计税价格核定管理有关问题的公告，国家税务总局公告2017年第32号，发文日期：2017-08-29）

3.2.2.7 卷烟生产企业购进卷烟直接销售征收消费税问题

对既有自产卷烟，同时又委托联营企业加工与自产卷烟牌号、规格相同卷烟的工业企业（以下简称卷烟回购企业），从联营企业购进后再直接销售的卷烟，对外销售时不论是否加价，凡是符合下述条件的，不再征收消费税；不符合下述条件的，则征收消费税：

一、回购企业在委托联营企业加工卷烟时，除提供给联营企业所需加工卷烟牌号外，还须同时提供税务机关已公示的消费税计税价格。联营企业必须按照已公示的调拨价格申报缴纳消费税。

二、回购企业将联营企业加工卷烟回购后再销售的卷烟，其销售收入应与自产卷烟的销售收入分开核算，以备税务机关检查；如不分开核算，则一并计入自产卷烟销售收入征收消费税。

（国家税务总局关于卷烟生产企业购进卷烟直接销售不再征收消费税的批复，国税函〔2001〕955号，发文日期：2001-12-20）

重点难点即时练10

1. 天马卷烟厂为增值税一般纳税人，2018年7月有关生产经营情况如下：

(1) 天马卷烟厂当月生产甲牌号卷烟20 000标准箱（每箱50 000支，每条200支），将其销售给卷烟专卖商1 800箱，取得不含税销售额

7 200 万元。

(2) 天马卷烟厂将当月生产的甲牌号卷烟 5 大箱以明显低价抵偿债务 15 万元。

(3) 天马卷烟厂新研制乙牌号卷烟,还未投放市场。当月将 8 大箱乙牌号卷烟用于发放职工福利。已知每大箱卷烟的生产成本为 4 000 元。

(4) 天马卷烟厂将烟叶 30 吨,加工合同注明的成本为 42 万元,运往异地卷烟厂加工成丙牌号卷烟(受托方不生产丙牌号卷烟),取得异地卷烟厂开具的增值税专用发票,注明支付加工费 8 万元、增值税 1.28 万元,天马卷烟厂收回丙牌号卷烟 40 大箱时,异地卷烟厂代收代缴消费税。

(5)当月天马卷烟厂购进烟丝 12 吨,增值税专用发票注明的销售额为 20 万元,增值税为 3.2 万元。期初库存烟丝的成本为 83 万元,期末库存烟丝的成本为 65 万元。

要求:计算天马卷烟厂 7 月应缴纳的增值税、消费税,异地卷烟厂应代收代缴多少消费税。(计算结果保留三位小数)

2. 天马白酒厂(增值税一般纳税人)2018 年 7 月销售业务如下:

(1) 销售 A 牌粮食白酒 40 吨,每吨不含税出厂价 10 000 元;通过厂属非独立核算门市部零售 11.6 吨,每吨含税零售价格为 12 500 元。

(2) 用外购薯类酒精 10 吨,勾兑生产 B 牌薯类白酒 30 吨,本月销售 15 吨,每吨不含税出厂价 5 000 元;外购酒精发票注明买价为每吨 3 000 元。

(3) 为商场加工生产 C 牌粮食白酒 20 吨，商场提供原材料成本 70 000 元，本月交货共收取加工费 5 000 元，增值税 800 元。

(4) 用委托加工收回的黄酒 5 吨，加工生产药酒 15 吨，每吨不含税出厂价 6 000 元，销售 12 吨，剩余 3 吨赠送他人。

计算天马白酒厂 7 月应缴纳消费税及应代收代缴消费税。(粮食白酒税率为 20%，薯类白酒税率为 20%，其他酒税率为 10%，定额税率为 0.5 元/斤)

3.2.3　批发卷烟消费税计税办法

自 2009 年 5 月 1 日起，在卷烟批发环节加征一道从价税。目前，批发环节卷烟也采用复合计税方法。卷烟消费税在生产和批发两个环节征收消费税后，批发企业在计算纳税时不得扣除已含的生产环节的消费税税款。

一、批发卷烟消费税纳税义务人。

在中华人民共和国境内从事卷烟批发业务的单位和个人。

二、批发卷烟消费税征收范围。

纳税人批发销售给纳税人以外的单位和个人的所有牌号规格的卷烟于销售时纳税。纳税人之间销售的卷烟不缴纳消费税。

纳税人应将卷烟销售额与其他商品销售额分开核算，未分开核算的，一并征收消费税。纳税人兼营卷烟批发和零售业务的，应当分别核算批发和零售环节的销售额、销售数量；未分别核算批发和零售环节销售额、销售数量的，按照全部销售额、销售数量计征批发环节消费税。

三、批发卷烟消费税计税依据。

纳税人批发卷烟的销售额(不含增值税)。

四、批发卷烟消费税适用税率。

比例税率为11%,定额税率为0.005元/支。

五、批发卷烟消费税纳税义务发生时间。

纳税人收讫销售款或者取得索取销售款凭据的当天。

六、批发卷烟消费税纳税地点。

卷烟批发企业的机构所在地,总机构与分支机构不在同一地区的,由总机构申报纳税。

七、批发卷烟消费税征收管理。

主管税务机关应向烟类应税消费品生产企业和卷烟批发单位派驻驻厂组(员),深入企业了解生产经营情况,进行纳税辅导,核实消费税计税依据,监控纳税人之间的交易,加强消费税征收管理,确保消费税税款及时入库。

各省、自治区、直辖市和计划单列市国家税务局应充分利用本地区卷烟批发环节消费税纳税人信息,监管纳税人之间交易业务,准确划分应税与非应税项目。

(国家税务总局关于烟类应税消费品消费税征收管理有关问题的通知,国税函〔2009〕272号,发文日期:2009-05-25;财政部 国家税务总局关于调整烟产品消费税政策的通知,财税〔2009〕84号,发文日期:2009-05-26;财政部 国家税务总局关于调整卷烟消费税的通知,财税〔2015〕60号,发文日期:2015-05-07)

〔例题3-12〕 天马烟草公司(增值税一般纳税人),2018年7月向烟酒零售单位批发A牌卷烟5 000条，开具的增值税专用发票上注明销售额250万元；向烟酒零售单位批发B牌卷烟2 000条，开具的增值税普通发票上注明含税销售额88.16万元；同时向天马烟草公司零售部销售B牌卷烟300条，开具增值税普通发票，取得含税收入19.72万元，当月允许抵扣的进项税额为35.58万元。计算天马烟草公司7月应缴纳的增值税、消费税（每标准条200支），并做出相关会计处理。

解析：应纳消费税＝[250＋(88.16＋19.72)÷(1＋16%)]×11%＋(5 000＋2 000＋300)×200×0.005÷10 000＝38.46（万元）

应纳增值税＝[250＋(88.16＋19.72)÷(1＋16%)]×16%－35.58＝54.88－35.58＝19.30（万元）

答：天马烟草公司7月应纳消费税38.46万元，应纳增值税19.30万元。

借：应收账款　　3 978 800

　贷：主营业务收入（2 500 000＋881 600÷1.16＋197 200÷1.16）　　3 430 000

　　　应交税费——应交增值税（销项税额）　　548 800

借：税金及附加　　384 600

　贷：应交税费——应交消费税　　384 600

结转成本的会计分录略。

〔例题3-13〕 (1) 天马卷烟厂从烟丝厂购进已税烟丝20吨，每吨不含税单价为2万元，取得烟丝厂开具的增值税专用发票，注明金额40万元、增值税税额6.4万元，烟丝已验收入库，款项尚未支付。

(2) 天马卷烟厂进口卷烟300标准箱，进口完税价格300万元，进口关税税率为20%。

(3) 天马卷烟厂生产领用外购已税烟丝15吨，生产卷烟2 000标准箱。

(4) 7月天马卷烟厂销售自产卷烟18箱给卷烟专卖商，取得不含税销售额36万元；同时销售进口卷烟100标准箱，取得不含税销售额200万元。

假设不考虑其他税费，做出天马卷烟厂上述业务的会计处理。

(1) 购进烟丝时：

借：原材料	400 000	
应交税费——应交增值税(进项税额)	64 000	
贷：应付账款		464 000

(2) 进口卷烟应纳消费税与增值税计算过程如下：

① 每标准条进口卷烟(200支)确定消费税适用比例税率的组成计税价格=(关税完税价格 +关税+消费税定额税额)÷(1－消费税比例税率)。其中，关税完税价格和关税为每标准条的关税完税价格及关税税额；消费税定额税额为每标准条(200支)0.6元(依据现行消费税定额税率折算而成)；消费税税率固定为36%。

确定每标准条进口卷烟(200支)消费税适用比例税率的组成计税价格=(3 000 000+3 000 000×20%+0.6×300×250)÷(1－36%)÷

(300×250)=75.94(元)

每标准条进口卷烟(200 支)确定消费税适用比例税率的组成计税价格 75.94 元≥70 元,适用比例税率为 56%。

② 在确定适用的消费税税率后,再按照"进口卷烟消费税组成计税价格=(关税完税价格+关税+消费税定额税额)÷(1−进口卷烟消费税适用比例税率),应纳消费税税额=进口卷烟消费税组成计税价格×进口卷烟消费税适用比例税率+消费税定额税"计算税额。

组成计税价格=(3 000 000+3 000 000×20%+0.6×300×250)÷(1−56%)=8 284 090.91(元)

应缴纳的消费税=0.6×300×250+8 284 090.91×56%=4 684 090.91(元)

③ 进口卷烟的增值税计税价格与消费税的计税价格相同。

应缴纳的增值税=8 284 090.91×16%=1 325 454.55(元)

④ 关税和消费税属于价内税,增值税属于价外税。所以,进口卷烟成本=买价+关税+消费税=3 000 000+3 000 000×20%+4 684 090.91=8 284 090.91(元)。进口货物在海关交税,与提货联系在一起,即交税后方能提货。为了简化核算,关税、消费税可以不通过"应交税费"账户,直接贷记"银行存款"账户。

借:库存商品	8 284 090.91	
应交税费——应交增值税(进项税额)	1 325 454.55	
贷:银行存款		9 609 545.46

(3) 当月生产领用外购已税烟丝可以抵扣已纳的消费税税额，当期准予扣除的外购已税烟丝已纳消费税税额＝当期准予扣除的外购烟丝买价×外购烟丝适用税率＝20 000×15×30%＝90 000(元)。

借：生产成本	210 000	
应交税费——应交消费税	90 000	
贷：原材料(20 000×15)		300 000

(4) 销售自产卷烟需要缴纳消费税，销售进口卷烟不需要缴纳消费税。

① 自产卷烟每条单价＝360 000÷(18×250)＝80(元)，每标准条价格 80 元＞70 元，自产卷烟适用税率 56%。

销售自产卷烟应纳消费税＝18×150＋360 000×56%＝204 300(元)

销售自产卷烟增值税销项税额＝360 000×16%＝57 600(元)

借：应收账款	417 600	
贷：主营业务收入		360 000
应交税费——应交增值税(销项税额)		57 600
借：税金及附加	204 300	
贷：应交税费——应交消费税		204 300

结转成本会计分录略。

② 销售进口卷烟不交消费税，只交增值税。

借：应收账款	2 320 000	
贷：主营业务收入		2 000 000
应交税费——应交增值税(销项税额)		320 000

结转成本会计分录略。

第4章

消费税税额的扣减

消费税是单环节课征制的税种，在应税消费品(除金银首饰、超豪华小汽车和卷烟外)的生产、委托加工和进口环节征税。纳税人将外购已税或委托加工已税的应税消费品作为原料，连续生产应税消费品时，原料应税消费品的价值转移到产成品应税消费品中，在产成品应税消费品销售或自用时应该按销售额或销售数量全额征收消费税，这将导致消费税重复征税的现象。为了避免重复征税，消费税制定了原料应税消费品已纳消费税税款的抵扣制度。

已纳消费税税款的抵扣必须同时满足两个条件，一是要属于消费税扣税范围，二是取得消费税扣税凭证。

4.1　抵扣范围

消费税抵扣范围采用正向列举的办法，只有用规定范围内的原料应税消费品生产规定范围内的产成品应税消费品，才能抵扣已纳消费税税款。

4.1.1　连续生产的抵扣范围

1. 以外购、进口或委托加工收回的已税烟丝为原料生产的卷烟。

2. 以从葡萄酒生产企业购进、进口葡萄酒为原料连续生产葡萄酒。

3. 以外购、进口或委托加工收回的已税高档化妆品为原料生产的高档化妆品。

4. 以外购、进口或委托加工收回的已税珠宝玉石为原料生产的贵重首饰及珠宝玉石(不包括用已税珠宝玉石生产的金银首饰范围内的镶嵌首饰)。

5. 以外购、进口或委托加工收回的已税鞭炮、焰火为原料生产的鞭炮、焰火。

6. 以外购、进口或委托加工收回的已税摩托车为原料生产的摩托车。

7. 以外购、进口或委托加工收回的已税杆头、杆身和握把为原料生产的高尔夫球杆。

8. 以外购、进口或委托加工收回的已税木制一次性筷子为原料生产的木制一次性筷子。

9. 以外购、进口或委托加工收回的已税实木地板为原料生产的实木地板。

10. 以外购、进口或委托加工收回的已税石脑油为原料生产的应税消费品。

11. 以外购或委托加工收回的已税润滑油为原料生产的应税消费品。

12. 以外购、进口或委托加工收回的已税燃料油为原料生产的应税消费品。

13. 以外购、进口或委托加工收回的汽油、柴油为原料连续生产应税消费品。

（国家税务总局关于印发《消费税若干具体问题的规定》的通知，国税发〔1993〕156号，发文日期：1993-12-29；国家税务总局关于消费税若干征税问题的通知，国税发〔1994〕130号，发文日期：1994-05-26；国政部　国家税务总局关于调整金银首饰消费税纳税环节有关问题的通知，财税字〔1994〕95号，发文日期：1994-12-24；财政部　国家税务总局关于调整酒类产品消费税政策的通知，财税字〔2001〕84号，发文日期：2001-05-11；财政部　国家税务总局关于调整和完善消费税政策的通知，财税〔2006〕33号，发文日期：2006-03-20；国家税务总局关于发布已失效或废止的税收规范性文件目录的通知，国税发〔2006〕62号，发文日期：2006-04-30；财政部　国家税务总局关于调整部分成品油消费税政策的通知，财税〔2008〕19号，发文日期：2008-02-02；财政部　国家税务总局关于提高成品油消费税税率后相关成品油消费税政策的通知，财税〔2008〕168号，发文日期：2008-12-19；财政部　国家税务总局关于以外购或委托加工汽、柴油连续生产汽、柴油允许抵扣消费税政策问题的通知，财税〔2014〕15号，发文日期：2014-02-10；国家税务总局关于修订《葡萄酒消费税管理办法（试行）》的公告，国家税务总局公告2015年第15号，发文日期：2015-02-28；国家税务总局关于高档化妆品消费税征收管理事项的公告，国家税务总局公告2016年第66号，发文日期：2016-10-19）

政策解析　消费税抵扣范围是正向列举的，凡是不在抵扣范围内的原料应税消费品生产成品应税消费品的，均不得抵扣原料应税消费品已纳消费税税款，如以外购的卷烟为原料连续生产卷烟、以外购小汽车为原料连续生产改装改制车辆。

以外购或委托加工收回的已税酒精和白酒为原料生产的白酒抵扣消费税的政策，在财税字〔2001〕84号文件中被取消。

案例解析10

购进小汽车整车进行改装生产出新型小汽车，原料小汽车已纳消费税是否可以抵扣？

天马商用客车公司，从外地购进一批微型乘用车进行改装加工后，生产出新型的商用轻型客车。请问：购进微型乘用车已纳消费税是否可以抵扣？

答：消费税的抵扣范围采用正向列举的办法，财政部和国家税务总局先后下发了十个文件明确消费税的抵扣范围，在这些文件中没有“以外购、进口或委托加工收回的已税小汽车为原料生产的小汽车”的规定，因此，天马商用客车公司利用购进的微型乘用车进行改装加工后生产的商用客车，不得抵扣已纳消费税。

4.1.2 外购润滑油大包装改小包装、贴商标等简单加工的抵扣问题

单位和个人外购润滑油大包装经简单加工改成小包装或者外购润滑油不经加工只贴商标的行为，视同应税消费品的生产行为。单位和个人发生的以上行为应当申报缴纳消费税。准予扣除外购润滑油已纳的消费税税款。

（财政部 国家税务总局关于消费税若干具体政策的通知，财税〔2006〕125号，发文日期：2006-08-30）

4.1.3 啤酒生产集团间调拨啤酒液的抵扣问题

啤酒生产集团为解决下属企业之间糖化能力和包装能力不匹配，

优化各企业间资源配置,将有糖化能力而无包装能力的企业生产的啤酒液销售(调拨)给异地企业进行灌装。

一、啤酒生产集团内部企业间调拨销售的啤酒液,应由啤酒液生产企业按现行规定申报缴纳消费税。

二、购入方企业应依据取得的销售方销售啤酒液所开具的增值税专用发票上记载的销售数量、销售额、销售单价确认销售方啤酒液适用的消费税单位税额,单独建立外购啤酒液购入使用台账,计算外购啤酒液已纳消费税税额。

三、购入方使用啤酒液连续灌装生产并对外销售的啤酒,应依据其销售价格确定适用单位税额计算缴纳消费税,但其外购啤酒液已纳的消费税税额,可以从其当期应纳消费税税额中抵减。

(国家税务总局关于啤酒集团内部企业间销售(调拨)啤酒液征收消费税问题的批复,国税函〔2003〕382号,发文日期:2003-04-09)

4.1.4 用购进已税烟丝生产的出口卷烟的抵扣问题

按照现行税收法规规定,国家对卷烟出口一律实行在生产环节免税的办法,即免征卷烟加工环节的增值税和消费税,而对出口卷烟所耗用的原辅材料已缴纳的增值税和消费税则不予退、免税。据此,为生产出口卷烟而购进的已税烟丝的已纳税款不能给予扣除。

(国家税务总局关于印发《消费税问题解答》的通知,国税函〔1997〕306号,发文日期:1997-05-21)

4.1.5 视同石脑油、燃料油的抵扣问题

下列产品准予按规定从消费税应纳税额中扣除其原料已纳的消费税税款，但可享受原料所含消费税退税政策的产品除外：

（一）以外购或委托加工收回汽油、柴油、石脑油、燃料油、润滑油生产按规定视同石脑油、燃料油缴纳消费税的产品。

（二）以外购或委托加工收回视同石脑油、燃料油缴纳消费税的产品为原料生产的应税消费品。

纳税人生产销售或受托加工按规定视同石脑油、燃料油缴纳消费税的产品，应在向购货方或委托方开具的增值税专用发票品名后注明"视同石脑油（或燃料油）"或"视同石脑油（或燃料油）加工"。购货方或委托方以该产品为原料生产应税消费品，需凭上述凭证按规定办理原料已纳消费税税款的扣除手续。

（三）工业企业以外的单位和个人将外购的消费税低税率应税产品以高税率应税产品对外销售的，高税率应税消费品应视同生产销售缴纳消费税，低税率应税消费品按规定缴纳的消费税可以抵扣。

（国家税务总局关于消费税有关政策问题补充规定的公告，国家税务总局公告2013年第50号，发文日期：2013-09-09）

4.1.6 电池、涂料的抵扣政策

纳税人委托加工收回电池、涂料，以高于受托方的计税价格出售的，应当按规定申报缴纳消费税，在计税时准予扣除受托方已代收代缴

的消费税。

（一）税款扣除凭证为《税收缴款书（代扣代收专用）》，纳税人应当将税款扣除凭证复印件按月装订备查。

（二）纳税人应当建立《电池、涂料税款抵扣台账》，作为申报扣除委托加工收回应税消费品已纳消费税税款的备查资料。

（国家税务总局关于电池、涂料消费税征收管理有关问题的公告，国家税务总局公告2015年第5号，发文日期：2015-01-30）

重点难点即时练 11

1. 下列连续生产的应税消费品，在计税时准予按当期生产领用数量计算扣除外购的应税消费品已纳的消费税税款的是（　　）。

   A. 外购已税高档化妆品生产的高档化妆品

   B. 外购已税小汽车生产的小汽车

   C. 外购已税涂料生产的涂料

   D. 以外购已税杆头、杆身和握把为原料生产的高尔夫球杆

2. 下列应税行为中，准予扣除外购或委托加工收回的应税消费品已纳消费税税款计税的有（　　）。

   A. 用外购已税薯类白酒生产销售的白酒

   B. 用外购已税烟丝生产销售的卷烟

   C. 用委托加工收回的已税二轮摩托车生产销售的三轮摩托车

   D. 用外购已税珠宝玉石生产改在零售环节计税的金银镶嵌首饰

3. 下列连续生产的应税消费品，在计税时准予按当期生产领用数量计算扣除外购的应税消费品已纳的消费税税款的是(　　)。

A. 外购已税鞭炮、焰火生产的鞭炮、焰火

B. 以委托加工收回的已税木制一次性筷子为原料生产的木制一次性筷子

C. 外购已税燃料油为原料生产的塑料

D. 以外购已税实木地板为原料生产的实木地板

4. 下列连续生产的应税消费品，在计税时准予按当期生产领用数量计算扣除外购的应税消费品已纳的消费税税款的是(　　)。

A. 外购已税游艇生产的游艇

B. 外购已税高档手表生产的高档手表

C. 以委托加工收回的已税石脑油为原料生产的应税消费品

D. 以委托加工收回的已税润滑油为原料生产的应税消费品

5. 下列连续生产的应税消费品，在计税时准予按当期生产领用数量计算扣除外购的应税消费品已纳的消费税税款的是(　　)。

A. 以外购已税燃料油为原料生产的应税消费品

B. 以外购已税溶剂油为原料生产的应税消费品

C. 以外购已税汽油为原料生产的甲醇汽油

D. 以外购已税柴油为原料生产的生物柴油

4.1.7　工业企业从事应税消费品购销的抵扣问题

消费税是单环节课征制的税种，正常情况下，购进已税的应税消费

品再销售的，不再征收消费税，但是，工业企业自身有应税消费品生产销售业务，同时再购进已税消费品直接销售，如果直接销售环节不征收消费税，征管难度极大，因为税务机关需要分清哪些应税消费品是外购直接销售的，哪些应税消费品是生产销售的。因此，对于工业企业购进已税消费品直接销售的，国家税务总局做出如下规定：

（一）对既有自产应税消费品，同时又购进与自产应税消费品同样的应税消费品进行销售的工业企业，对其销售的外购应税消费品应当征收消费税，同时可以扣除外购应税消费品的已纳税款。

上述允许扣除已纳税款的外购应税消费品仅限于烟丝、化妆品、珠宝玉石、鞭炮焰火和摩托车。

（二）对自己不生产应税消费品，而只是购进后再销售应税消费品的工业企业，其销售的化妆品、鞭炮焰火和珠宝玉石，凡不能构成最终消费品直接进入消费品市场，而需进一步生产加工的（需进行深加工、包装、贴标、组合的珠宝玉石、化妆品、酒、鞭炮焰火等），应当征收消费税，同时允许扣除上述外购应税消费品的已纳税款。

（国家税务总局关于消费税若干征税问题的通知，国税发〔1997〕84 号，发文日期：1997-05-21；国家税务总局关于进一步加强消费税纳税申报及税款抵扣管理的通知，国税函〔2006〕769 号，发文日期：2006-08-15；财政部　国家税务总局关于调整酒类产品消费税政策的通知，财税〔2001〕84 号，发文日期：2001-05-11；财政部　国家税务总局关于调整和完善消费税政策的通知，财税〔2006〕33 号，发文日期：2006-03-20）

政策解析　“工业企业从事应税消费品购销的抵扣问题”是由国税发〔1997〕84 号文件规定的。该文件规定，工业企业允许扣除已纳税款的外购应税消费品仅限于烟丝、酒、酒精、化妆品、护肤护发品、珠宝玉石、鞭炮焰火、汽车轮胎和摩托车，这些应税消费品与当时消费税抵扣范围是完全一致的。1997年以后，消费税应税消费品征税范围和抵扣范围发生了很大变化，但是国家税务总局没有对国税发〔1997〕84号规定的工业企业从事应税消费品购销的抵扣范围同步完善。笔者认为，既然国税发〔1997〕84号明确的工业企业从事应税消费品购销的抵扣范围与当时的消费税抵扣范围完全一致，虽然后期国家税务总局没有完善工业企业从事应税消费品购销的抵扣范围，但也应该与现行的消费税抵扣范围一致。也就是说，工业企业购进木制一次性筷子、实木地板、石脑油等直接销售的，也可以抵扣已纳消费税。

4.1.8 从商业企业购进的应税消费品抵扣问题

自2006年8月15日起，从商业企业购进应税消费品连续生产应税消费品，符合抵扣条件的，准予扣除外购应税消费品已纳消费税税款。

（国家税务总局关于进一步加强消费税纳税申报及税款抵扣管理的通知，国税函〔2006〕769号，发文日期：2006-08-14）

政策解析 国税函〔2006〕769号曾经规定，主管税务机关对纳税人提供的消费税申报抵扣凭证上注明的货物，无法辨别销货方是否申报缴纳消费税的，可向销货方主管税务机关发函调查该笔销售业务缴纳消费税情况，销货方主管税务机关应认真核实并回函。经销货方主管税务机关回函确认已缴纳消费税的，可以受理纳税人的消费税抵扣申请，按规定抵扣外购项目的已纳消费税。该规定被《国家税务总局关于取消两项消费税审批事项后有关管理问题的公告》(国家税务总局公告2015 年第 39 号)废止。

4.2 抵扣凭证

准予从消费税应纳税额中扣除原料已纳消费税税款的凭证按照不同取得渠道可以分为以下几种情况：

一、外购应税消费品连续生产应税消费品。

1. 纳税人从增值税一般纳税人购进应税消费品，外购应税消费品的抵扣凭证为外购应税消费品增值税专用发票(抵扣联)。

如果外购应税消费品的增值税专用发票属于汇总填开的，除提供增值税专用发票(抵扣联)外，还应提供随同增值税专用发票取得的由销售方开具并加盖发票专用章的销货清单。纳税人未提供外购应税消费品增值税专用发票(抵扣联)和销货清单的不予扣除外购应税消费品已纳消费税。

2. 纳税人从增值税小规模纳税人购进应税消费品，外购应税消费品的抵扣凭证为主管税务机关代开的增值税专用发票。主管税务机关在为纳税人代开增值税专用发票时，应同时征收消费税。

3. 自 2018 年 3 月 1 日起，外购汽油、柴油、石脑油、燃料油、润滑油用于连续生产应税成品油的，应凭通过增值税发票选择确认平台确认的成品油专用发票，按规定计算扣除已纳消费税税款，其他凭证不得作为消费税扣除凭证。

外购用于连续生产的成品油，取得2018年2月28日前(包括2月28日)开具的增值税专用发票且符合扣除规定的，纳税人应于税款所属期2018年4月前申报，计入《本期准予扣除税额计算表》"本期外购入库数量"中，连续生产耗用后，按规定计算扣除已纳消费税税款。

(国家税务总局关于成品油消费税征收管理有关问题的公告，国家税务总局公告2018年第1号，发文日期:2018-01-02)

政策解析 属于消费税抵扣范围的原料应税消费品的购买渠道，国税发〔1997〕84号曾限定于从工业企业购进的应税消费品，对从商业企业购进应税消费品的已纳税款一律不得扣除。《国家税务总局关于印发〈调整和完善消费税政策征收管理规定〉的通知》(国税发〔2006〕49号)也明确，纳税人从增值税一般纳税人(仅限生产企业)购进应税消费品，外购应税消费品的抵扣凭证为增值税专用发票(含销货清单)。但是，《国家税务总局关于进一步加强消费税纳税申报及税款抵扣管理的通知》(国税函〔2006〕769号)明确，从商业企业购进应税消费品连续生产应税消费品，符合抵扣条件的，准予扣除外购应税消费品已纳消费税税款。也就是说，纳税人从境内采购原料应税消费品，供货方是生产企业和商业企业均可，其开具或申请税务机关代开的增值税专用发票均可作为消费税税额的抵扣凭证。笔者认为国税函

〔2006〕769号的规定不科学，纳税人从商业企业购进应税消费品的买价中含有商业企业的利润，该部分利润没有作为消费税的计税依据缴纳过消费税，必然导致纳税人抵扣的外购原料应税消费品已纳消费税大于该原料应税消费品实际已纳消费税。

二、委托加工收回应税消费品连续生产应税消费品。

委托加工收回应税消费品的抵扣凭证为《代扣代收税款凭证》。纳税人未提供《代扣代收税款凭证》的，不予扣除受托方代收代缴的消费税。

三、进口应税消费品连续生产应税消费品。

进口应税消费品的抵扣凭证为《海关进口消费税专用缴款书》，纳税人不提供《海关进口消费税专用缴款书》的，不予抵扣进口应税消费品已缴纳的消费税。

案例解析 11

从境内购进原料应税消费品用于连续生产应税消费品，取得供货方开具的普通发票，可以抵扣原料应税消费品已纳消费税税额吗?

天马润滑油公司从某小规模企业购进一批润滑油连续加工润滑油，取得供货方开具的普通发票，可否作为消费税抵扣凭证，据以计算抵扣消费税?

答:《国家税务总局关于印发〈调整和完善消费税政策征收管理规定〉的通知》(国税发〔2006〕49号)明确了准予从消费税应纳税额中扣除原料已纳消费税税款的扣税凭证，对外购应税消费品连续生产应税消费品的，抵扣凭证为增值税专用发票。纳税人从增值税小规模纳税人购进应税消费品，外购应税消费品的抵扣凭证为销售方主管税务机关代开的增值税专用发票。天马润滑油公司购进润滑油取得的普通发票不能作为消费税抵扣凭证，申报抵扣消费税。

4.3 抵扣税款的计算方法

准予抵扣的原料应税消费品已纳消费税，区分不同的取得渠道（境内购进、进口和委托加工），可抵扣税款的计算方式不同。

4.3.1 境内外购应税消费品连续生产应税消费品

4.3.1.1 原料应税消费品采用从价定率计征方法

当期准予扣除外购应税消费品已纳税款＝当期准予扣除外购应税消费品买价×外购应税消费品适用税率

当期准予扣除外购应税消费品买价＝期初库存外购应税消费品买价＋当期购进的外购应税消费品买价－期末库存的外购应税消费品买价

外购应税消费品买价为纳税人取得的增值税专用发票（含销货清单）注明的应税消费品的销售额。

（国家税务总局关于印发《调整和完善消费税政策征收管理规定》的通知，国税发〔2006〕49号，发文日期：2006-03-31）

政策解析 期初库存加上当期购进减去期末库存可以倒挤出当期耗用的金额，也就是说，消费税已纳税款的抵扣采用实耗扣税法。

例题 4-1 天马卷烟厂7月外购烟丝50吨，取得增值税专用发票上注明价款50万元，增值税税款为8万元。期初尚有库存的外购烟丝2万元，期末库存烟丝12万元，该企业7月应纳消费税中可扣除的消费税是(　　)万元。

A. 6.8　　B. 9.6　　C. 12　　D. 40

〔答案〕C

解析：7月生产领用部分买价＝2＋50－12＝40(万元)，准予扣除的消费税＝40×30%＝12(万元)。

重点难点即时练 12

2018年7月，天马地板厂发生下列业务：

(1) 向某林场购入原木3 000立方米，收购凭证注明支付款项300 000元，请运输公司将上述原木运送回厂，支付运输费1 100元，取得增值税专用发票，注明金额1 000元，增值税税额100元；该批原木未在当月领用。

(2) 外购生产用油漆一批，取得增值税专用发票，注明价款25 000元，增值税税款4 000元。

(3) 从关系较好的供货方低价购入生产用粘胶一批，取得增值税专用发票，注明价款10 000元，增值税税额1 600元，将其中10%赠送给购买企业木质地板的老客户(地板生产厂和其他纳税人均无同类产品售价资料)。

(4) 从其他木地板厂购入未涂漆的木地板 50 箱，取得增值税专用发票，价款 180 000 元，增值税税额 28 800 元，将 70%投入生产上漆。

(5) 销售自产实木地板取得不含税收入 560 000 元。

假设该企业取得的增值税专用发票均在当月认证，实木地板消费税税率为 5%，请计算该企业 7 月应纳的增值税税额和消费税税额。

4.3.1.2　原料应税消费品采用从量定额计征方法

以外购或委托加工收回的已税石脑油、润滑油、燃料油为原料生产的应税消费品，准予从消费税应纳税额中扣除原料已纳的消费税税款。抵扣税款的计算公式为：

当期准予扣除的外购应税消费品已纳税款＝当期准予扣除外购应税消费品数量×外购应税消费品单位税额

$$\text{当期准予扣除外购应税消费品数量}=\text{期初库存外购应税消费品数量}+\text{当期购进外购应税消费品数量}-\text{期末库存外购应税消费品数量}$$

外购应税消费品数量为增值税专用发票(含销货清单)注明的应税消费品的销售数量。

(财政部　国家税务总局关于调整部分成品油消费税政策的通知，财税〔2008〕19 号，发文日期：2008-02-02；国家税务总局关于印发《调整和完善消费税政策征收管理规定》的通知，国税发〔2006〕49 号，发文日期：2006-03-31)

政策解析　财税〔2006〕125 号文件规定，以外购或委托加工收回石脑油为原料生产乙烯或其他化工产品，在同一生产过程中既可以生产出乙烯或其他化工产品等非应税消费品同时又生产出裂解汽油等应税消费品的，外购或委托加工收回石脑油允许抵扣的已纳税款计算公式如下：当期准予扣除外购石脑油已纳税款＝当期准予扣除外购石脑油数量×收率×单位税额×30％，收率＝当期应税消费品产出量÷生产当期应税消费品所有原料投入数量×100％；当期准予扣除的委托加工成品油已纳税款＝当期准予扣除的委托加工石脑油已纳税款×收率，收率＝当期应税消费品产出量÷生产当期应税消费品所有原料投入数量×100％。该规定已被《财政部 国家税务总局关于公布废止和失效的消费税规范性文件目录的通知》(财税〔2009〕18号)废止。笔者认为这项政策的废止是不科学的，外购成品油为原料同时生产应税消费品和非应税消费品，无论主产品是应税消费品还是附产品是应税消费品，均可以将原料成品油已纳消费税全额抵扣，用于生产非应税消费品对应的已纳消费税也抵扣了，这是不合理的，实务中也导致了部分企业可抵扣消费税长期留抵。

〔例题4-2〕 天马炼油厂用外购石脑油为原料生产汽油。2018年7月，该厂外购石脑油2 000升，增值税专用发票上注明的价款为10 000元。当月该厂销售汽油8 000升，每升不含税售价为7元。已知期初库存的石脑油为400升，账面成本为2 080元；期末库存的石脑油为900升，账面成本为4 500元。

请计算天马炼油厂7月应纳的消费税是多少。

解析：销售汽油应纳消费税＝8 000×1.52＝12 160(元)

可抵扣的消费税税额＝(400＋2 000－900)×1.52＝2 280(元)

天马炼油厂 7 月应纳消费税税额＝12 160－2 280＝9 880(元)

答:天马炼油厂 7 月应纳消费税税额为 9 880 元。

4.3.2 委托加工收回应税消费品连续生产应税消费品

当期准予扣除的委托加工应税消费品已纳税款＝期初库存的委托加工应税消费品已纳税款＋当期收回的委托加工应税消费品已纳税款－期末库存的委托加工应税消费品已纳税款

委托加工应税消费品已纳税款为代扣代收税款凭证注明的受托方代收代缴的消费税。

(国家税务总局关于印发《调整和完善消费税政策征收管理规定》的通知,国税发〔2006〕49 号,发文日期:2006-03-31)

4.3.3 进口应税消费品

当期准予扣除的进口应税消费品已纳税款＝期初库存的进口应税消费品已纳税款＋当期进口应税消费品已纳税款－期末库存的进口应税消费品已纳税款

进口应税消费品已纳税款为《海关进口消费税专用缴款书》注明的进口环节消费税。

(国家税务总局关于印发《调整和完善消费税政策征收管理规定》的通知,国税发〔2006〕49 号,发文日期:2006-03-31)

4.3.4 可抵扣的消费税大于当期应纳消费税的处理

在对当期投入生产的原材料可抵扣的已纳消费税大于当期应纳消费税情形的，目前消费税纳税申报表未增加上期留抵消费税填报栏目的情况下，采用按当期应纳消费税的数额申报抵扣，不足抵扣部分结转下一期申报抵扣的方式处理。

（财政部 国家税务总局关于消费税若干具体政策的通知，财税〔2006〕125号，发文日期：2006-08-30）

案例解析12

外购原料应税消费品当期可以抵扣消费税大于生产销售应税消费品应纳消费税时如何处理？

2018年7月，天马卷烟厂从外地购买了价值200万元的烟丝，并全部用于卷烟生产。按规定，这批外购烟丝已纳的消费税60万元可以从卷烟厂当期应纳消费税中予以扣除。但由于7月卷烟厂实现的消费税只有45万元，外购烟丝已纳的60万元消费税，还剩有15万元的留抵。对这笔留抵消费税税额，在消费税纳税申报表上如何体现？

答：目前使用的消费税纳税申报表与增值税纳税申报表相比，在栏目设计上有所不同。消费税申报表未设有“上期留抵税额”这一栏目，因此，当出现用于抵扣的已纳消费税大于当期应纳消费税的情形时，无法像增值税留抵一样在申报表中填写留抵税额。为了解决这一问题，财政部、国家税务总局在《财政部 国家税务总局关于消费税若干具体政策的通知》(财税〔2006〕125号)中明确规定:“对当期投入生产的原材料可抵扣的已纳消费税大于当期应纳消费税情形的,在目前消费税纳税申报表未增加上期留抵消费税填报栏目的情况下,采用按当期应纳消费税的数额申报抵扣,不足抵扣部分结转下一期申报抵扣的方式处理。”因此,对于天马卷烟厂外购烟丝已缴的60万元消费税,在填写消费税申报表时只需在“当期准予扣除外购应税消费品已纳税款”栏目中按当月应纳税额45万元填写抵扣,多出的15万元消费税则可以直接结转下个申报期内申报抵扣。纳税人如果经常发生已纳消费税税额留抵的情况,最好设置备查账簿进行记录。

4.4 抵扣税款的管理

自2006年4月1日起,消费税税款的抵扣实施下列管理措施:

4.4.1 申报资料

纳税人在办理纳税申报时,如需办理消费税税款抵扣手续,除应按有关规定提供纳税申报所需资料外,还应当提供以下资料:

(一) 外购应税消费品连续生产应税消费品的,提供外购应税消费品增值税专用发票(抵扣联)原件和复印件。

如果外购应税消费品的增值税专用发票属于汇总填开的,除提供增值税专用发票(抵扣联)原件和复印件外,还应提供随同增值税专用发票取得的由销售方开具并加盖财务专用章或发票专用章的销货清单原件和复印件。

（二）委托加工收回应税消费品连续生产应税消费品的，提供“代扣代收税款凭证”原件和复印件。

（三）进口应税消费品连续生产应税消费品的，提供“海关进口消费税专用缴款书”原件和复印件。

主管税务机关在受理纳税申报后将以上原件退还纳税人，复印件留存。

4.4.2 抵扣税款台账

纳税人应建立抵扣税款台账。纳税人既可以根据规定的台账参考式样设置台账，也可以根据实际需要另行设置台账。另行设置的台账只能在规定台账内容基础上增加内容，不得删减内容。主管税务机关应加强对税款抵扣台账核算的管理。

（国家税务总局关于印发《调整和完善消费税政策征收管理规定》的通知，国税发〔2006〕49号，发文日期：2006-03-31）

抵扣税款台账（外购从价定率征收的应税消费品）

外购应税消费品名称：　　　所属时间：　年　　月　　　　　　金额单位：元

日期	摘要	增值税专用发票号码	数量			金额			已纳税额		
			购进	领用	余额	购进	领用	余额	购进	领用	余额
1	2	3	4	5	6	7	8	9	10	11	12
月　日	期初库存										

（续表）

日期	摘要	增值税专用发票号码	数量			金额			已纳税额		
			购进	领用	余额	购进	领用	余额	购进	领用	余额
	本月购进合计										
	本月领用合计										
	期末库存										

填表说明：

1. 本台账用于外购从价定率征收的应税消费品准予扣除已纳税款的核算。台账按月登记。4月份启用台账时，期初库存为零。

2. “期初库存”填写第 6、第 9、第 12 栏，每月月初核算。上月期末库存即为本月期初库存。

3. 发生每笔外购应税消费品业务时，填写第 1、第 2、第 3、第 4、第 7、第 10 栏。

第 1 栏填写购货日期。

第 2 栏填写购进。

第 3 栏填写增值税专用发票号码。

第 4、第 7 栏分别填写每笔购进的应税消费品增值税专用发票注明的应税消费品数量、金额。

第 10 栏＝第 7 栏×消费税适用税率。

4. 发生每笔生产领用应税消费品业务时，填写第 1、第 2、第 5、第 8、第 11 栏。

第 1 栏填写生产领用日期。

第 2 栏填写生产领用。

第 5、第 8 栏分别填写每笔生产领用应税消费品的数量、金额。

第 11 栏＝第 8 栏×消费税适用税率。

5. “本月购进合计”只填写第 4、第 7、第 10 栏。

6. “本月领用合计”只填写第 5、第 8、第 11 栏。

7. “期末库存”只填写第 6、第 9、第 12 栏。

第 6 栏＝期初库存数量余额＋本月购进合计数量－本月领用合计数量。
第 9 栏＝期初库存金额余额＋本月购进合计金额－本月领用合计金额。
第 12 栏＝期初库存税额余额＋本月购进合计税额－本月领用合计税额。

抵扣税款台账

（委托加工收回、进口从价定率征收的应税消费品）

应税消费品名称：　　　　所属月份：年　　月　　　　金额单位：元

日期	摘要	抵扣凭证号码	数量			已纳税额
			购进	领用	余额	
1	2	3	4	5	6	7
月　日	期初库存					
	本月购进合计					
	本月领用合计					
	期末库存					

填表说明：

1. 本台账用于委托加工收回、进口的实行从价定率征收的应税消费品准予扣除已纳税款的核算。台账按月登记。

2. “期初库存”只填写第 6、第 7 栏，每月月初核算。上月期末库存数为本月期初库存数。

3. 发生每笔委托加工收回、进口应税消费品业务时，填写第 1、第 2、第 3、第 4、第 7 栏。

第 1 栏填写以上业务发生日期。

第 2 栏按照所发生的以上业务分别填写。例如：发生进口业务，填进口。

第 3 栏填写抵扣凭证的号码。

第 4、第 7 栏分别填写抵扣凭证注明的应税消费品数量、应税消费品已纳税款。

4. 发生生产领用应税消费品业务时，应填写第 1、第 2、第 5 栏，不填第 7 栏。

第 1 栏填写生产领用应税消费品的日期。

第 2 栏填写"生产领用"。

第 5 栏填写生产领用应税消费品的数量。

5. "本月购进合计"，填写第 4、第 7 栏。

第 4 栏填写本月委托加工收回、进口应税消费品数量合计。

第 7 栏填写本月委托加工收回、进口应税消费品的已纳税款合计。

6. "本月领用合计"，填写第 5、第 7 栏。

第 5 栏填写生产领用应税消费品数量合计。

第 7 栏＝第 5 栏×加权平均单位税额。

加权平均单位税额＝(期初库存税额＋本月购进合计税额)÷(期初库存数量＋本月购进合计数量)。

7. "期末库存"，填写台账第 6、第 7 栏。

第 6 栏＝期初库存数量＋本月购进合计数量－本月领用合计数量。

第 7 栏＝期初库存税额＋本月购进合计税额－本月领用合计税额。

当月允许抵扣的已纳税款于每月月末核算，生产领用时不核算。

4.4.3　取消抵扣审批事项

根据《国务院关于取消和调整一批行政审批项目等事项的决定》(国发〔2015〕11 号)规定，取消"消费税税款抵扣审核"审批事项。纳税人以外购、进口、委托加工收回的应税消费品(以下简称外购应税消费品)为原料连续生产应税消费品，准予按现行政策规定抵扣外购应税消费品已纳消费税税款。

经主管税务机关核实上述外购应税消费品未缴纳消费税的，纳税人应将已抵扣的消费税税款，从核实当月允许抵扣的消费税中冲减。

(国家税务总局关于取消两项消费税审批事项后有关管理问题的公告，国家税务总局公告 2015 年第 39 号，发文日期：2015-05-22)

第 5 章

消费税税收优惠

消费税正向列举了15类应税消费品作为征税对象，国家需要鼓励和照顾的行业或产业没有被纳入征税对象，所以消费税的税收优惠政策比较少见。

5.1 成品油

5.1.1 航空煤油

航空煤油暂缓征收消费税。

（财政部 国家税务总局关于调整和完善消费税政策的通知，财税〔2006〕33号，发文日期：2006-03-20）

5.1.2 乙醇汽油

自2009年1月1日起，对用外购或委托加工收回的已税汽油生产的乙醇汽油免税。用自产汽油生产的乙醇汽油，按照生产乙醇汽油所耗用的汽油数量申报纳税。

（财政部 国家税务总局关于提高成品油消费税税率后相关成品油消费税政策的通知，财税〔2008〕168号，发文日期：2008-12-19）

案例解析13

用外购汽油为原料调和成乙醇汽油并销售，销售的乙醇汽油是否缴纳消费税？

天马成品油批发企业将购进的各种标号汽油与乙醇混掺，制成乙醇汽油后对外销售，请问该企业销售乙醇汽油是否应该缴纳消费税？

答：根据《财政部 国家税务总局关于提高成品油消费税税率的通知》（财税〔2008〕167号）规定，汽油是指用原油或其他原料加工生产的辛烷值不小于66的可用作汽油发动机燃料的各种轻质油。以汽油、汽油组分调和生产的甲醇汽油、乙醇汽油也属于本税目征收范围。根据《财政部 国家税务总局关于提高成品油消费税税率后相关成品油消费税政策的通知》（财税〔2008〕168号）规定，对用外购或委托加工收回的已税汽油生产的乙醇汽油免税。用自产汽油生产的乙醇汽油，按照生产乙醇汽油所耗用的汽油数量申报纳税。因此，天马成品油批发企业调和的乙醇汽油属于消费税的征税范围，但是可以享受免税优惠。

5.1.3 石脑油、燃料油

为促进我国烯烃类化工行业的发展，给予用于生产乙烯、芳烃类化工产品的石脑油、燃料油消费税退（免）税优惠政策。具体退（免）税政策为：

（一）自2011年10月1日起，对生产石脑油、燃料油的企业（以下简称生产企业）对外销售的用于生产乙烯、芳烃类化工产品的石脑油、燃料油，恢复征收消费税。

乙烯类化工产品是指乙烯、丙烯、丁二烯及衍生品；芳烃类化工产品是指苯、甲苯、二甲苯、重芳烃、混合芳烃及衍生品。

被检查企业与主管税务机关在产品界定上如果发生歧义，企业应根据税务机关的要求实施对其产品的抽检。

检验样品由税务人员与企业财务人员、技术人员共同实地提取样品一式两份，经双方确认签封，其中一份交具有检测资质的第三方检测机构检测，检测报告由企业提供给主管税务机关；另一份由主管税务机关留存。

（二）自2011年10月1日起，生产企业自产石脑油、燃料油用于生产乙烯、芳烃类化工产品的，按实际耗用数量暂免征消费税。

（三）自2011年10月1日起，对使用石脑油、燃料油生产乙烯、芳烃的企业（以下简称使用企业）购进并用于生产乙烯、芳烃类化工产品的石脑油、燃料油，按实际耗用数量暂退还所含消费税。

1. 使用企业申请退税的国内采购的含税石脑油、燃料油，应取得经主管税务机关认证的增值税专用发票，发票应注明石脑油、燃料油及数量。未取得、未认证或发票未注明石脑油、燃料油及数量的，不予退税。

2. 使用企业用于生产乙烯、芳烃类化工产品的石脑油、燃料油既有免税又有含税的，应分别核算，未分别核算或未准确核算的不予退税。

3. 使用企业将外购的免税石脑油、燃料油未用于生产乙烯、芳烃类化工产品（不包库存）或者对外销售的，应按规定征收消费税。

（四）使用企业生产乙烯、芳烃类化工产品过程中所生产的应税产品，应按规定征收消费税。外购的含税石脑油、燃料油生产乙烯、芳烃类化工产品且已经退税的，在生产乙烯、芳烃类化工产品过程中生产的应税产品不得再扣除外购石脑油、燃料油应纳消费税税额。

［财政部 中国人民银行 国家税务总局关于延续执行部分石脑油燃料油消费税政策的通知，财税〔2011〕87号，发文日期：2011-09-15；国家税务总局关于发布《用于生产乙烯、芳烃类化工产品的石脑油、燃料油退（免）消费税暂行办法》的公告，国家税务总局公告2012年第36号，发文日期：2012-07-12］

政策解析 财税〔2011〕87号文件虽然从立法目的上延续了对用于生产乙烯、芳烃类化工品的石脑油燃料油消费税优惠，但优惠的方式由对生产石脑油、燃料油的企业销售的用于生产乙烯、芳烃类化工产品的石脑油、燃料油免税改为对生产企业征税，由使用石脑油、燃料油生产乙烯、芳烃的企业按照使用数量退税。这样有利于税务机关在征税源头进行管理，对后期审查中符合条件的使用企业按照实际耗用数量退税，与之前采用的五联式《石脑油采购证明单》的方式相比，更有利于保证税收。

5.1.3.1 使用企业退税管理

使用企业将外购的含税石脑油、燃料油用于生产乙烯、芳烃类化工产品，且生产的乙烯、芳烃类化工产品产量占本企业用石脑油、燃料油生产全部产品总量的50％以上（含）的，按实际耗用量计算退还所含消费税。

退还使用企业石脑油、燃料油所含消费税计算公式为：

应退还消费税税额＝实际耗用石脑油或燃料油数量×石脑油或燃料油消费税单位税额

其中:实际耗用石脑油、燃料油数量＝当期投入乙烯、芳烃生产装置的全部数量－当期耗用的自产数量－当期耗用的外购免税数量

一、使用企业享受退税优惠的条件。

用石脑油、燃料油生产乙烯、芳烃类化工产品的企业,符合下列条件的,可提请消费税退税资格备案:

(一) 营业执照登记的经营范围包含生产乙烯、芳烃类化工产品。

(二) 持有省级(含)以上安全生产监督管理部门颁发的危险化学品《安全生产许可证》。如使用企业处于试生产阶段,应提供省级以上安全生产监督管理部门出具的试生产备案意见书。

(三) 拥有生产乙烯、芳烃类化工产品的生产装置或设备,乙烯生产企业必须具备(蒸汽)裂解装置,芳烃生产企业必须具备芳烃抽提装置。

(四) 用石脑油、燃料油生产乙烯、芳烃类化工产品的产量占本企业用石脑油、燃料油生产全部产品总量的50%以上(含)。

(五) 书面承诺接受税务机关和海关对产品的抽检。

(六) 国家税务总局和海关总署规定的其他情形。

二、使用企业资格备案资料。

符合享受退税条件的使用企业应在申请退(免)消费税的首个纳税申报期内,将下列退(免)税资格备案资料作为申报资料的一部分,一并提交主管税务机关。

(一)《石脑油、燃料油消费税退(免)税资格备案表》。

（二）石脑油、燃料油用于生产乙烯、芳烃类化工产品的工艺设计方案、装置工艺流程以及相关生产设备情况。

（三）石脑油、燃料油用于生产乙烯、芳烃类化工产品的物料平衡图，要求标注每套生产装置的投入产出比例及年处理能力。

（四）原料储罐、产成品储罐和产成品仓库的分布图、用途、储存容量的相关资料。

（五）乙烯、芳烃类化工产品生产装置的全部流量计的安装位置图和计量方法说明，以及原材料密度的测量和计算方法说明。

（六）上一年度用石脑油、燃料油生产乙烯、芳烃类化工产品的分品种的销售明细表；新办企业可不提供该项资料。

（七）营业执照登记、省级以上安全生产监督管理部门颁发的危险化学品《安全生产许可证》，如使用企业处于试生产阶段，应提供省级以上安全生产监督管理部门出具的试生产备案意见书原件及复印件。

（八）《石脑油、燃料油消费税退税资格备案表》。

文书受理岗对资格备案及备案事项变更资料进行完整性审核，资料齐全的，向使用企业开具受理通知书，并于2个工作日内将受理资料传递税源管理岗；对资料不齐全的，应告知纳税人并退还资料。

政策解析　为贯彻落实《国务院关于取消非行政许可审批事项的决定》（国发〔2015〕27号）规定，国家税务总局发布《国家税务总局关于取消乙烯、芳烃生产企业退税资格认定审批事项有关管理问题的公告》

(国家税务总局公告2015年第54号),取消"乙烯、芳烃生产企业退税资格认定"审批事项。

三、资格备案事项的变更。

《石脑油、燃料油消费税退(免)税资格备案表》所列以下备案事项发生变化的,使用企业应于30日内向主管税务机关办理备案事项变更:

(一)单位名称(不包括变更纳税人识别号)。

(二)产品类型。

(三)原材料类型。

(四)生产装置、流量计数量。

(五)石脑油、燃料油库容。

(六)附列资料目录所含的资质证件。

使用企业备案事项变更应提供的资料与资格备案相同。

四、使用企业提请消费税退税资格备案机关。

(一)仅以自营或委托方式进口石脑油、燃料油生产乙烯、芳烃类化工产品的,应向进口地海关提请资格备案,涉及多个进口地的,应分别向各进口地海关提请资格备案。

(二)仅以国产石脑油、燃料油生产乙烯、芳烃类化工产品的,应向主管税务机关提请资格备案。

(三)既以国产又以进口石脑油、燃料油生产乙烯、芳烃类化工产品的,应分别向主管税务机关和进口地海关提请资格备案,涉及多个进口地的,应分别向各进口地海关提请资格备案。

使用单位申报的备案资料被税务机关受理，即取得退（免）消费税资格。主管税务机关有权对备案资料的真实性进行检查。

五、退税管理部门。

（一）我国境内使用石脑油、燃料油（以下简称油品）生产乙烯、芳烃类化工产品（以下简称化工产品）的企业，仅以自营或委托方式进口油品生产化工产品，向进口消费税纳税地海关申请退还已缴纳的消费税。

办理退税时，海关根据使用企业生产化工产品实际耗用的油品数量核定应退税金额，开具收入退还书，使用“进口成品油消费税退税”科目（101020221）退税。

（二）使用企业仅以国产油品生产化工产品，向主管税务机关申请退税。

办理退税时，税务机关根据使用企业生产化工产品实际耗用的油品数量核定应退税金额，开具收入退还书，使用“成品油消费税退税”科目（101020121）退税。

（三）使用企业既购进国产油品又购进进口油品生产化工产品的，应分别核算国产与进口油品的购进量及其用于生产化工产品的实际耗用量，向税务机关提出退税申请。

税务机关负责对企业退税资料进行审核。对国产油品退税，按照上述（二）的规定办理。对进口油品退税，税务机关出具初审意见，连同进口货物报关单、海关专用缴款书和自动进口许可证等材料，送交海关复审。海关按照上述（一）的规定办理。

使用企业未分别核算国产与进口油品的购进量和实际耗用量的，

不予办理退税。

（四）税务机关和海关应向相关国库部门提供收入退还书，后附退税审批表、退税申请书等相关资料；国库部门经审核无误后，从相应预算科目中退付税款给申请企业。

六、使用企业的台账管理。

使用企业应建立石脑油、燃料油移送使用台账，分别记录外购（分别登记外购含税国产、进口数量和外购国产免税数量）和移送使用石脑油、燃料油数量。

七、使用企业的退税凭证。

（一）从生产企业购入。

1. 石脑油、燃料油生产企业销售含税石脑油、燃料油，应根据购买方企业的需要提供该油品所对应的消费税完税凭证复印件，并填制《生产企业销售含税石脑油、燃料油完税情况明细表》，于次月纳税申报期报送至主管税务机关。主管税务机关及时将此表信息录入石脑油、燃料油退（免）消费税管理系统[以下简称退（免）税系统]，供使用企业主管税务机关退税核对。

生产企业销售石脑油、燃料油发生消费税欠税（包括办理消费税缓缴手续）的，未交税油品对应的增值税专用发票信息不得填写在《生产企业销售含税石脑油、燃料油完税情况明细表》中。

2. 使用企业取得生产企业消费税完税凭证复印件后，应填写《使用企业外购石脑油、燃料油凭证明细表》。

使用企业未取得生产企业消费税完税凭证复印件的，其外购油品的增值税专用发票信息不得填写在《使用企业外购石脑油、燃料油凭证明细表》中。

3. 自2018年3月1日起，外购石脑油、燃料油用于生产乙烯、芳烃类化工产品的，应凭取得的成品油专用发票所载明的石脑油、燃料油的数量，按规定计算退还消费税，其他发票或凭证不得作为计算退还消费税的凭证。

（二）从非生产企业购入。

使用企业从非生产企业购进国产含税石脑油、燃料油的，应向主管税务机关提供该油品对应的增值税专用发票（自2018年3月1日起，必须提供成品油发票开具模块开具的成品油专用发票）和消费税完税凭证复印件。经主管税务机关核实确已缴纳消费税的，使用企业应将该油品对应的增值税专用发票和消费税完税凭证等信息填写在《使用企业外购石脑油、燃料油凭证明细表》中。

上述供油企业（含生产企业和非生产企业）主管税务机关应协助使用企业主管税务机关，做好对该油品是否已缴纳消费税的核实工作。

主管税务机关通过退（免）税系统采集生产企业和使用企业退（免）税相关信息，完成退税审批和追踪管理。各级税务机关通过退（免）税系统监督本级和下级退（免）税管理情况。

八、使用企业退税申报资料。

使用企业应区分不同情形，按以下规定报送退税资料：

（一）仅以进口石脑油、燃料油生产乙烯、芳烃类化工产品的，应每月向进口地海关报送以下资料：

1.《使用企业外购石脑油、燃料油凭证明细表》。

2.《石脑油、燃料油生产、外购、耗用、库存月度统计表》。

3.《乙烯、芳烃生产装置投入产出流量计统计表》。

4. 进口货物报关单、海关进口消费税专用缴款书、自动进口许可证等材料复印件。

上述企业在申请退还进口消费税时，应向进口地海关提供《用于生产乙烯、芳烃类化工产品的石脑油、燃料油进口消费税退税申请表》。

既以国产又以进口石脑油、燃料油生产乙烯、芳烃类化工产品的使用企业，按照本公告规定经主管税务机关对进口石脑油、燃料油退税提出核对意见后，也应向进口地海关提供《用于生产乙烯、芳烃类化工产品的石脑油、燃料油进口消费税退税申请表》。

（二）仅以国产石脑油、燃料油或既以国产又以进口石脑油、燃料油生产乙烯、芳烃类化工产品的，应向主管税务机关报送以下资料：

1. 在每月纳税申报期报送的资料：

（1）《使用企业外购石脑油、燃料油凭证明细表》。

（2）《石脑油、燃料油生产、外购、耗用、库存月度统计表》。

（3）《乙烯、芳烃生产装置投入产出流量计统计表》。

（4）《使用企业外购石脑油、燃料油凭证明细表》中“外购含税油品”项“消费税完税凭证号码”所对应的消费税完税凭证的复印件。

（5）当期外购石脑油、燃料油取得的已认证普通版增值税专用发票复印件。

（6）进口货物报关单、海关进口消费税专用缴款书、自动进口许可证等材料复印件。

2. 申请退还消费税的，在当月纳税申报期结束后应报送以下资料：

(1)《用于生产乙烯、芳烃类化工产品的石脑油、燃料油消费税应退税额计算表》。

(2) 使用企业初次向主管税务机关申请进口消费税退税的，如前期已向海关申请办理过退税事项，应提供上月进口地海关受理的《石脑油、燃料油生产、外购、耗用、库存月度统计表》。

九、退税管理机关的审核。

主管税务机关和进口地海关受理使用企业退税申请后，应及时完成以下工作：

(一) 主管税务机关核对、退税工作。

1. 消费税退税资料的核对：

(1)《石脑油、燃料油生产、外购、耗用、库存月度统计表》中填报的乙烯类、芳烃类产品的本年累计产量占全部产品(本企业用石脑油、燃料油生产全部产品总量)的比例是否达到50%。

(2)《使用企业外购石脑油、燃料油凭证明细表》中"外购免税油品"和"外购含税油品"项的"汉字防伪版增值税专用发票"的"石脑油数量""燃料油数量"与主管税务机关采集认证的汉字防伪版增值税专用发票的货物名称、数量比对是否相符。

(3)《使用企业外购石脑油、燃料油凭证明细表》中"外购免税油品"和"外购含税油品"项的"普通版增值税专用发票"的"发票代码""发票号码""销货方纳税人识别号"与主管税务机关采集认证的普通版增值税专用发票信息比对是否相符,"石脑油数量、燃料油数量"与普通版增值税专用发票复印件的货物名称、数量比对是否相符。

(4)《使用企业外购石脑油、燃料油凭证明细表》中"外购含税油品"项的"销货方纳税人识别号""消费税完税凭证号码"与使用企业提供的生产企业消费税完税凭证复印件信息比对是否相符。使用企业从非生产企业购进油品的,《使用企业外购石脑油、燃料油凭证明细表》中"外购含税油品"项的增值税专用发票、消费税完税凭证信息与税务机关核实情况是否一致。

(5)《使用企业外购石脑油、燃料油凭证明细表》中"外购含税油品"的"发票代码""发票号码""石脑油数量""燃料油数量""消费税完税凭证号码"与《生产企业销售含税石脑油、燃料油完税情况明细表》信息比对是否相符。

(6)《使用企业外购石脑油、燃料油凭证明细表》中"外购含税油品"项"海关进口消费税专用缴款书"的"缴款书号码、税款金额、数量"与使用企业提供进口货物报关单、海关进口消费税专用缴款书、自动进口许可证等材料复印件信息比对是否相符。

(7)当期申报的《石脑油、燃料油生产、外购、耗用、库存月度统计表》"外购数量统计"项的进口石脑油、燃料油的期初库存油品数量的本期数和累计数与前一期进口地海关办理退税的期末数据是否一致。

(8)《石脑油、燃料油生产、外购、耗用、库存月度统计表》《乙烯、芳烃生产装置投入产出流量计统计表》《使用企业外购石脑油、燃料油凭证明细表》《用于生产乙烯、芳烃类化工产品的石脑油、燃料油消费税应退税额计算表》表内、表间数据逻辑关系是否准确。

2. 消费税退税资料核对相符的，在《用于生产乙烯、芳烃类化工产品的石脑油、燃料油消费税应退税额计算表》中填写国产油品的本期应退税数量和本期应退税额，并签署意见；在《退（抵）税申请审批表（通用）》签署意见；根据国产石脑油、燃料油的本期应退税额开具收入退还书（预算科目：101020121）；转交当地国库部门。

3. 使用企业申请进口石脑油、燃料油退税的，主管税务机关在《用于生产乙烯、芳烃类化工产品的石脑油、燃料油消费税应退税额计算表》中填写进口油品的本期应退税数量和本期应退税额，并于签署“表书信息比对相符，表内、表间数据关系计算准确”的意见后，及时将该表及其他相关资料直接转交进口地海关；如涉及2个或2个以上进口地海关的，将以上退税资料直接转交海关总署（关税征管司）。

（二）进口地海关核对、退税工作。

1. 消费税退税资料的核对：

（1）对税务机关出具初核意见的退税资料进行复核。

（2）《使用企业外购石脑油、燃料油凭证明细表》中“外购含税油品”项“海关进口消费税专用缴款书”的“缴款书号码、税款金额、数量”及所对应的进口货物报关单、海关进口消费税专用缴款书、自动进口许可证等复印件信息与海关记录的相关信息比对是否相符。

（3）《石脑油、燃料油生产、外购、耗用、库存月度统计表》《乙烯、芳烃生产装置投入产出流量计统计表》《使用企业外购石脑油、燃料油凭证明细表》《用于生产乙烯、芳烃类化工产品的石脑油、燃料油消费税应退税额计算表》涉及进口油品的表内、表间数据关系计算是否准确。

2. 消费税退税资料核对相符的，进口地海关在《用于生产乙烯、芳烃类化工产品的石脑油、燃料油进口消费税退税申请表》签署意见，开具收入退还书(预算科目：101020221)，转交当地国库部门。

(三) 消费税退税核对不符的，主管税务机关和进口地海关应及时告知使用企业并退还其退税资料。

1. 主管税务机关确认申报资料审核未通过属于数据填报错误的，应要求纳税人重新上报。

2. 因《生产企业销售含税石脑油、燃料油完税情况明细表》数据错误或不完整，造成数据比对不符的，使用企业主管税务机关通过退(免)税系统向对应的生产企业主管税务机关发送“完税信息提醒”，生产企业税务机关据此应开展数据核实，属于数据采集不完整的应及时补录相关数据；属于数据采集错误的，逐级提交国家税务总局修改数据。

3. 使用企业从非生产企业购进国产含税石脑油、燃料油，主管税务机关根据其提供的增值税专用发票和消费税完税凭证复印件，向上环节供油企业主管税务机关发函逐级核实确认是否缴纳消费税，经核实该油品确已完税的，将消费税完税凭证号码和回函信息录入退(免)税系统，审核通过。

十、使用企业的日常管理。

主管税务机关应加强石脑油、燃料油退(免)消费税的日常管理，对已办理退税的乙烯、芳烃生产企业，当地国税稽查部门和货物劳务税管理部门，每季度要对其退税业务的真实性进行检查，防止企业骗取退税款。检查的内容主要包括：

（一）使用企业申报的实际耗用量与全部外购量、库存量进行比对，应当符合实际耗用量≤期初库存＋本期外购量（含自产）－本期销售－期末库存量。

使用企业申报的退税额应不大于外购含税石脑油、燃料油所含消费税税额。

（二）将使用企业实际产成品数据信息与利用产品收率计算原材料实际投入量信息进行比对，两者符合投入产出比例关系。

（三）将使用企业申报的实际耗用信息与石脑油、燃料油的出入库信息、生产计量信息及财务会计信息进行比对，符合逻辑关系。

（四）将使用企业申报的实际耗用信息与装置生产能力信息进行比对，符合逻辑关系。

（五）将使用企业本期外购石脑油、燃料油数量与相关增值税专用发票的抵扣信息进行比对，符合逻辑关系。

（六）生产企业免税销售石脑油、燃料油开具的增值税专用发票信息与总局定点直供计划规定的销售对象、供应数量等信息进行比对，两者销售对象应当一致，销售数量应等于或小于定点直供计划数量。

（七）使用企业外购免税的石脑油、燃料油数量信息与定点直供计划信息及相关的增值税专用发票信息进行比对，增值税专用发票开具的销售对象应当与定点直供计划规定的一致，其数量应等于或小于定点直供计划数量。

(八) 使用企业申报的外购免税石脑油、燃料油数量信息与定点直供计划数量信息进行比对,免税数量应等于或小于定点直供计划。

十一、退税资格的取消。

使用企业发生下列行为之一的,主管税务机关应暂停或取消使用企业的退(免)税资格:

(一) 注销税务登记的,取消退(免)税资格。

(二) 主管税务机关实地核查结果与使用企业申报的备案资料不一致的,暂停或取消退(免)资格。

(三) 使用企业不再以石脑油、燃料油生产乙烯、芳烃类化工产品或不再生产乙烯、芳烃类化工产品的,经申请取消退(免)税资格。

(四) 经税务机关检查发现存在骗取国家退税款的,取消退(免)税资格。

(五) 未办理备案变更登记备案事项,经主管税务机关通知在30日内仍未改正的,暂停退(免)税资格。

(六) 未按月向主管税务机关报送《石脑油、燃料油生产、外购、耗用、库存月度统计表》《乙烯、芳烃生产装置投入产出流量计统计表》和《使用企业外购石脑油、燃料油凭证明细表》的,暂停退(免)税资格。

(七) 不接受税务机关的产品抽检,不能提供税务机关要求的检测报告的,暂停退(免)税资格。

暂停或取消退(免)税资格的企业,由主管税务机关税源管理岗及时录入系统。

5.1.3.2　生产企业管理

一、消费税退(免)税申报资料。

生产企业按月报送《生产企业销售含税石脑油、燃料油完税情况明细表》。

二、生产企业申报资料的审核。

税源管理岗收到消费税退(免)税申报资料后，将数据录入或导入退(免)税系统，并开展以下审核工作：

1. 完税凭证号码是否符合要求。

2.《生产企业销售含税石脑油、燃料油完税情况明细表》发票中石脑油、燃料油数量是否小于或等于完税凭证石脑油、燃料油数量。

3. 生产企业销售免税石脑油、燃料油数量是否超过定点直供计划规定的数量。

三、申报资料审核未通过的情况处理。

1. 主管税务机关确认申报资料审核未通过属于数据填报错误的，应要求纳税人重新上报。

2. 生产企业销售免税石脑油、燃料油数量超过定点直供计划规定数量的，应当补缴消费税。

5.1.3.3　生产企业生产的石脑油、燃料油享受免税优惠的管理

境内生产石脑油、燃料油的企业对外销售(包括对外销售用于生产乙烯、芳烃类化工产品的石脑油、燃料油)或用于其他方面的石脑油、燃料油征收消费税。但下列情形免征消费税：

(一) 生产企业将自产的石脑油、燃料油用于本企业连续生产乙烯、

芳烃类化工产品的。

（二）生产企业按照国家税务总局下发石脑油、燃料油定点直供计划销售自产石脑油、燃料油的。

生产企业实际执行定点直供计划时，超出国家税务总局核发定点直供计划量的，或将自产石脑油、燃料油未用于生产乙烯、芳烃类化工产品的，不得免征消费税。

应当缴纳消费税的石脑油、燃料油数量＝生产企业对外销售和用于其他方面的石脑油、燃料油耗用量－用于本企业连续生产乙烯、芳烃类化工产品的耗用量－执行定点直供计划且开具“DDZG”标识的汉字防伪版增值税专用发票的数量

一、生产企业用于生产乙烯、芳烃类产品的石脑油、燃料油免税。

生产企业将自产石脑油、燃料油用于本企业连续生产乙烯、芳烃类化工产品的，按当期投入生产装置的实际移送量免征消费税。

二、生产企业销售“定点直供”的石脑油、燃料油免税。

1. 生产企业执行定点直供计划，销售石脑油、燃料油的数量在计划限额内，且开具有“DDZG”标识的汉字防伪版增值税专用发票的，免征消费税。

2. 开具普通版增值税专用发票的，应当先行申报缴纳消费税。经主管税务机关核实，确认使用企业购进的石脑油、燃料油已作免税油品核算的，其已申报缴纳消费税的数量可抵下期应纳消费税的应税数量。

3. 未开具增值税专用发票或开具其他发票的，不得免征消费税。

每年 11 月 30 日前，企业总部应将下一年度的《石脑油、燃料油定点

直供计划表》上报国家税务总局(货物和劳务税司)。年度内定点直供计划的调整,需提前 30 日报国家税务总局。

三、生产企业的征收管理。

(一)生产企业免税申报资料。

生产企业发生将自产的石脑油、燃料油用于本企业连续生产乙烯、芳烃类化工产品的,应按月填报《石脑油、燃料油生产、外购、耗用、库存月度统计表》和《乙烯、芳烃生产装置投入产出流量计统计表》;如执行定点直供计划销售石脑油、燃料油,且开具普通版增值税专用发票的,应按月填报《生产企业定点直供石脑油、燃料油开具普通版增值税专用发票明细表》,作为《成品油消费税纳税申报表》的附列资料一同报送。

(二)主管税务机关的审核。

主管税务机关在受理生产企业纳税申报资料时,应核对以下内容:

1.《成品油消费税纳税申报表》《石脑油、燃料油生产、外购、耗用、库存月度统计表》和《乙烯、芳烃生产装置投入产出流量计统计表》《生产企业定点直供石脑油、燃料油开具普通版增值税专用发票明细表》表内、表间数据关系计算是否准确。

2.《石脑油、燃料油生产、外购、耗用、库存月度统计表》中"本期执行定点直供计划数量"的累计数是否超过定点直供计划限额。

3.《石脑油、燃料油生产、外购、耗用、库存月度统计表》中"其中:汉字防伪版增值税专用发票的油品数量"与当期开具有"DDZG"标识的汉字防伪版增值税专用发票记载的数量是否一致。

4. 将《生产企业定点直供石脑油、燃料油开具普通版增值税专用发票明细表》中发票信息发送给使用企业主管税务机关进行核查;根据反馈的核查结果,对使用企业已作免税油品核算的,将允许抵顶下期应纳消费税应税数量的具体数量书面通知生产企业。

四、生产企业台账管理。

生产企业应建立石脑油、燃料油移送使用台账,分别记录自产和移送使用石脑油、燃料油数量。

[国家税务总局关于发布《用于生产乙烯、芳烃类化工产品的石脑油、燃料油退(免)消费税暂行办法》的公告,国家税务总局公告〔2012〕第36号,发文日期:2012-07-12;财政部 中国人民银行 海关总署 国家税务总局关于完善石脑油、燃料油生产乙烯、芳烃类化工产品消费税退税政策的通知,财税〔2013〕2号,发文日期:2013-02-01;国家税务总局 海关总署关于石脑油、燃料油、生产乙烯、芳烃类化工产品消费税退税问题的公告,国家税务总局 海关总署公告2013年第29号,发文日期:2013-05-29;国家税务总局关于印发《石脑油、燃料油退(免)消费税管理操作规程(试行)》的通知,税总函〔2014〕412号,发文日期:2014-08-29;国家税务总局关于取消乙烯、芳烃生产企业退税资格认定审批事项有关管理问题的公告,国家税务总局公告2015年第54号,发文日期:2015-07-24]

5.1.4 利用废弃的动植物油生产纯生物柴油

一、纯生物柴油免税优惠。

从2009年1月1日起,对利用废弃的动物油和植物油为原料生产的纯生物柴油免征消费税。

（一）对同时符合下列条件的纯生物柴油免征消费税：

1. 生产原料中废弃的动物油和植物油用量所占比重不低于70%。

2. 生产的纯生物柴油符合国家《柴油机燃料调合用生物柴油(BD100)》标准。

（二）对不符合本通知第一条规定的生物柴油，或者以柴油、柴油组分调合生产的生物柴油照章征收消费税。

（财政部 国家税务总局关于对利用废弃的动植物油生产纯生物柴油免征消费税的通知，财税〔2010〕118号，发文日期：2010-12-17；财政部 国家税务总局关于对利用废弃的动植物油生产纯生物柴油免征消费税政策执行中有关问题的通知，财税〔2016〕35号，发文日期：2016-03-18）

二、废弃的动物油和植物油的范围。

（一）餐饮、食品加工单位及家庭产生的不允许食用的动植物油脂。主要包括泔水油、煎炸废弃油、地沟油和抽油烟机凝析油等。

（二）利用动物屠宰分割和皮革加工修削的废弃物处理提炼的油脂，以及肉类加工过程中产生的非食用油脂。

（三）食用油脂精炼加工过程中产生的脂肪酸、甘油脂及含少量杂质的混合物。主要包括酸化油、脂肪酸、棕榈酸化油、棕榈油脂肪酸、白土油及脱臭馏出物等。

（四）油料加工或油脂储存过程中产生的不符合食用标准的油脂。

（财政部 国家税务总局关于明确废弃动植物油生产纯生物柴油免征消费税适用范围的通知，财税〔2011〕46号，发文日期：2011-06-15）

5.1.5 废矿物油再生油品

为促进资源综合利用和环境保护，经国务院批准，自2013年11月1日至2018年10月31日，对以回收的废矿物油为原料生产的润滑油基础油、汽油、柴油等工业油料免征消费税。

一、废矿物油，是指工业生产领域机械设备及汽车、船舶等交通运输设备使用后失去或降低功效更换下来的废润滑油。

二、纳税人利用废矿物油生产的润滑油基础油、汽油、柴油等工业油料免征消费税，应同时符合下列条件：

（一）纳税人必须取得省级以上（含省级）环境保护部门颁发的《危险废物（综合）经营许可证》，且该证件上核准生产经营范围应包括"利用"或"综合经营"字样。生产经营范围为"综合经营"的纳税人，还应同时提供颁发《危险废物（综合）经营许可证》的环境保护部门出具的能证明其生产经营范围包括"利用"的材料。

纳税人在申请办理免征消费税备案时，应同时提交污染物排放地环境保护部门确定的该纳税人应予执行的污染物排放标准，以及污染物排放地环境保护部门在此前6个月以内出具的该纳税人的污染物排放符合上述标准的证明材料。

纳税人回收的废矿物油应具备能显示其名称、特性、数量、接受日期等项目的《危险废物转移联单》。

（二）生产原料中废矿物油重量必须占到90%以上。产成品中必须包括润滑油基础油，且每吨废矿物油生产的润滑油基础油应不少于0.65吨。

（三）利用废矿物油生产的产品与利用其他原料生产的产品应分别核算。

三、符合上述三个免税条件的纳税人销售免税油品时，应在增值税专用发票上注明产品名称，并在产品名称后加注“(废矿物油)”。

四、符合上述三个免税条件的纳税人利用废矿物油生产的润滑油基础油连续加工生产润滑油，或纳税人(包括符合免税条件的纳税人及其他纳税人)外购利用废矿物油生产的润滑油基础油加工生产润滑油，在申报润滑油消费税税额时按当期销售的润滑油数量扣减其耗用的符合本通知规定的润滑油基础油数量的余额计算缴纳消费税。

五、对未达到相应的污染物排放标准或取消《危险废物(综合)经营许可证》的纳税人，自发生违规排放行为之日或《危险废物(综合)经营许可证》被取消之日起，取消其享受本通知规定的免征消费税政策的资格，且三年内不得再次申请。纳税人自发生违规排放行为之日起已申请并办理免税的，应予追缴。

六、各级税务机关应采取严密措施，对享受本通知规定的免税消费税政策的纳税人加强动态监管。凡经核实纳税人弄虚作假骗取享受本通知规定的免征消费税政策的，税务机关追缴其此前骗取的免税税款，并自纳税人发生上述违法违规行为年度起，取消其享受本通知规定的免征消费税政策的资格，且纳税人三年内不得再次申请。

发生违规排放行为之日，是指已由污染物排放地环境保护部门查证确认的，纳税人发生未达到应予执行的污染物排放标准行为的当日。

（财政部　国家税务总局关于对废矿物油再生油品免征消费税的通知，财税〔2013〕105号，发文日期：2013-12-12）

5.1.6　成品油生产企业生产自用油

从2009年1月1日起，对成品油生产企业在生产成品油过程中，作为燃料、动力及原料消耗掉的自产成品油，免征消费税。对用于其他用途或直接对外销售的成品油照章征收消费税。

（财政部　国家税务总局关于对成品油生产企业生产自用油免征消费税的通知，财税〔2010〕98号，发文日期：2010-11-01）

案例解析14

成品油生产企业自用的成品油都免税吗？

生产成品油的炼油厂，将自产的汽油作为燃料用于本单位接送员工上下班的班车，该部分汽油是否可以免缴消费税？

答：《财政部　国家税务总局关于对成品油生产企业生产自用油免征消费税的通知》（财税〔2010〕98号）规定，从2009年1月1日起，对成品油生产企业在生产成品油过程中，作为燃料、动力及原料消耗掉的自产成品油，免征消费税。对用于其他用途或直接对外销售的成品油照章征收消费税。该炼油厂接送员工上下班的汽车属于集体福利方面，其耗用的汽油不属于在生产成品油过程中作为燃料的成品油，不享受免征消费税的政策，应按规定缴纳消费税。

5.1.7 油(气)田企业生产自用成品油

经国务院批准，油(气)田企业生产自用成品油实行先征后返消费税政策。

一、自2009年1月1日起，对油(气)田企业在开采原油过程中耗用的内购成品油，暂按实际缴纳成品油消费税的税额，全额返还所含消费税。

二、享受税收返还政策的成品油必须同时符合以下三个条件：

(一) 由油(气)田企业所隶属的集团公司(总厂)内部的成品油生产企业生产。

(二) 从集团公司(总厂)内部购买。

(三) 油(气)田企业在地质勘探、钻井作业和开采作业过程中，作为燃料、动力(不含运输)耗用。

三、油(气)田企业所隶属的集团公司(总厂)向财政部驻当地财政监察专员办事处统一申请税收返还。

(财政部 国家税务总局关于对油(气)田企业生产自用成品油先征后返消费税的通知，财税〔2011〕7号，发文日期:2011-02-25)

政策解析 勘探生产企业享受自用成品油税收返还政策的条件是比较苛刻的，只能采购自集团公司(总厂)内部，只能作为燃料、动力耗用的部分返还，而运输用油不可以免征。

由于消费税先征后返在企业所得税上属于政府财政性资金，是否缴纳企业所得税，应根据《财政部　国家税务总局关于专项用途财政性资金企业所得税处理问题的通知》(财税〔2011〕70号)规定来具体判断，凡同时符合以下条件的，可以作为不征税收入，在计算应纳税所得额时从收入总额中减除：

(1) 企业能够提供资金拨付文件，且文件中规定该资金的专项用途。

(2) 财政部门或其他拨付资金的政府部门对该资金有专门的资金管理办法或具体管理要求。

(3) 企业对该资金以及以该资金发生的支出单独进行核算。

5.2　电池、涂料

一、对无汞原电池、金属氢化物镍蓄电池(又称“氢镍蓄电池”或“镍氢蓄电池”)、锂原电池、锂离子蓄电池、太阳能电池、燃料电池和全钒液流电池免征消费税。

二、对施工状态下挥发性有机物(Volatile Organic Compounds，VOC)含量低于420克/升(含)的涂料免征消费税。

纳税人生产、委托加工符合上述税收优惠政策规定的应税消费品，应当持有省级以上质量技术监督部门认定的检测机构出具的产品检测报告，并按主管税务机关的要求报送相关产品的检测报告。

纳税人可按类别提供检测报告，但纳税人在提供检测报告时应一并报送该类产品明细清单，且明细清单的货物名称、规格、型号应与会计核算、销售发票内容相一致。

“省级以上质量技术监督部门认定的检测机构”是指具有国家认证认可监督管理委员会或省级质量技术监督部门依法颁发、现行有效的《资质认定计量认证证书》(使用 CMA 徽标)，且《资质认定计量认证证书》附表中具备相应电池、涂料检测项目的检测机构。

(财政部　国家税务总局关于对电池、涂料征收消费税的通知，财税〔2015〕16 号，发文日期:2015-01-26；国家税务总局关于电池、涂料消费税征收管理有关问题的公告，国家税务总局公告 2015 年第 5 号，发文日期:2015-01-30；国家税务总局关于明确电池、涂料消费税征收管理有关事项的公告，国家税务总局公告 2015 年第 95 号，发文日期:2015-12-29)

5.3　免征进口消费税

5.3.1　科学研究机构和学校进口科学研究和教学用品

自 2007 年 2 月 1 日起，科学研究机构和学校，以科学研究和教学为目的，在合理数量范围内进口国内不能生产或者性能不能满足需要的科学研究和教学用品，免征进口关税和进口环节增值税、消费税。

科学研究机构和学校，是指：

(一) 国务院部委、直属机构和省、自治区、直辖市、计划单列市所属专门从事科学研究工作的各类科研院所。

（二）国家承认学历的实施专科及以上高等学历教育的高等学校。

（三）财政部会同国务院有关部门核定的其他科学研究机构和学校。

免税进口科学研究和教学用品的具体范围，按照《免税进口科学研究和教学用品清单》执行。

免税进口的科学研究和教学用品，应当直接用于本单位的科学研究和教学，不得擅自转让、移作他用或者进行其他处置。经海关核准的单位，其免税进口的科学研究和教学用品可用于其他单位的科学研究和教学活动。

（科学研究和教学用品免征进口税收规定，财政部　海关总署　国家税务总局令第45号，发文日期：2007-01-31）

5.3.2　科学研究、技术开发机构进口科技开发用品

自2007年2月1日起，下列科学研究、技术开发机构，在2010年12月31日前，在合理数量范围内进口国内不能生产或者性能不能满足需要的科技开发用品，免征进口关税和进口环节增值税、消费税：

（一）科技部会同财政部、海关总署和国家税务总局核定的科技体制改革过程中转制为企业和进入企业的主要从事科学研究和技术开发工作的机构。

（二）国家发展和改革委员会会同财政部、海关总署和国家税务总局核定的国家工程研究中心。

（三）国家发展和改革委员会会同财政部、海关总署、国家税务总局

和科技部核定的企业技术中心。

（四）科技部会同财政部、海关总署和国家税务总局核定的国家重点实验室和国家工程技术研究中心。

（五）财政部会同国务院有关部门核定的其他科学研究、技术开发机构。

免税进口科技开发用品的具体范围，按照《免税进口科技开发用品清单》执行。

免税进口的科技开发用品，应当直接用于本单位的科学研究和技术开发，不得擅自转让、移作他用或者进行其他处置。

经海关核准的单位，其免税进口的科技开发用品可以用于其他单位的科学研究和技术开发活动。

（科技开发用品免征进口税收暂行规定，财政部 海关总署 国家税务总局令第 44 号，发文日期：2007-01-31）

第6章

消费税其他税制要素

6.1 纳税地点

《消费税暂行条例》及其实施细则规定，纳税人销售的应税消费品，以及自产自用的应税消费品，除国务院财政、税务主管部门另有规定外，应当向纳税人机构所在地或者居住地的主管税务机关申报纳税。

委托加工的应税消费品，除受托方为个人外，由受托方向机构所在地或者居住地的主管税务机关解缴消费税税款。委托个人加工的应税消费品，由委托方向其机构所在地或者居住地主管税务机关申报纳税。

进口的应税消费品，由进口人或者其代理人向报关地海关申报纳税。

6.1.1 外出经营、委托代销纳税地点的规定

《消费税暂行条例实施细则》第二十四条规定，纳税人到外县（市）销售或者委托外县（市）代销自产应税消费品的，于应税消费品销售后，向机构所在地或者居住地主管税务机关申报纳税。

6.1.2 受托方未代收代缴消费税款时管辖税务机关的规定

根据《消费税暂行条例》的规定，委托加工应税消费品，应由受托方在向委托方交货时代收代缴税款。但是，据调查，目前有相当一部分受

托加工应税消费品的企业未履行代扣代缴义务,造成了税款的严重流失。为加强委托加工应税消费品的征收管理,总局决定:

自1995年1月1日起,为了有利于堵塞税收流失漏洞,各地除对受托加工应税消费品的企业加强监督检查外,对于委托方也应加强监督检查(不包括改在零售环节征收消费税的金银首饰)。对于受托方未按规定代扣代缴税款,并经委托方所在地国税机关发现的,则应由委托方所在地国税机关对委托方补征税款,受托方所在地国税机关不得重复征税。

(国家税务总局关于加强委托加工应税消费品征收管理的通知,国税发〔1995〕122号,发文日期:1995-06-26)

6.1.3 总分机构的纳税地点及汇总纳税的审批机关

一、审批机关。

《消费税暂行条例实施细则》第二十四条规定,纳税人的总机构与分支机构不在同一县(市)的,应当分别向各自机构所在地的主管税务机关申报纳税;经财政部、国家税务总局或者其授权的财政、税务机关批准,可以由总机构汇总向总机构所在地的主管税务机关申报纳税。

纳税人的总机构与分支机构不在同一县(市),但在同一省(自治区、直辖市)范围内,经省(自治区、直辖市)财政厅(局)、国家税务局审批同意,可以由总机构汇总向总机构所在地的主管税务机关申报缴纳消费税。

省(自治区、直辖市)财政厅(局)、国家税务局应将审批同意的结果,上报财政部、国家税务总局备案。

（财政部 国家税务总局关于消费税纳税人总分支机构汇总缴纳消费税有关政策的通知，财税〔2012〕42号，发文日期：2012-04-13）

二、审批程序。

自2017年11月1日起，纳税人同时申请汇总缴纳增值税和消费税的，在汇总纳税申请资料中予以说明即可，不需要就增值税、消费税分别报送申请资料。

（国家税务总局关于进一步优化增值税、消费税有关涉税事项办理程序的公告，国家税务总局公告2017年第36号，发文日期：2017-10-13）

6.2 纳税期限

《消费税暂行条例》第十四条规定，消费税的纳税期限分别为1日、3日、5日、10日、15日、1个月或者1个季度。纳税人的具体纳税期限，由主管税务机关根据纳税人应纳税额的大小分别核定；不能按照固定期限纳税的，可以按次纳税。

纳税人以1个月或者1个季度为1个纳税期的，自期满之日起15日内申报纳税；以1日、3日、5日、10日或者15日为1个纳税期的，自期满之日起5日内预缴税款，于次月1日起15日内申报纳税并结清上月应纳税款。

《消费税暂行条例》第十五条规定，纳税人进口应税消费品，应当自海关填发海关进口消费税专用缴款书之日起15日内缴纳税款。

6.3 消费税纳税义务发生时间

一、生产销售应税消费品的纳税义务发生时间。

《消费税暂行条例》及其实施细则规定，纳税人生产的应税消费品，于纳税人销售时纳税，按不同的销售结算方式分别为：

1. 采取赊销和分期收款结算方式的，为书面合同约定的收款日期的当天，书面合同没有约定收款日期或者无书面合同的，为发出应税消费品的当天。

2. 采取预收货款结算方式的，为发出应税消费品的当天。

3. 采取托收承付和委托银行收款方式的，为发出应税消费品并办妥托收手续的当天。

4. 采取其他结算方式的，为收讫销售款或者取得索取销售款凭据的当天。

二、自产自用应税消费品的纳税义务发生时间。

《消费税暂行条例》及其实施细则规定，纳税人自产自用的应税消费品，用于连续生产应税消费品的，不纳税；用于其他方面的，于移送使用时纳税，纳税义务发生时间为移送使用的当天。

三、委托加工应税消费品的纳税义务发生时间。

《消费税暂行条例》及其实施细则规定，委托加工的应税消费品，除受托方为个人外，由受托方在向委托方交货时代收代缴税款。纳税人委托加工应税消费品的，纳税义务发生时间为纳税人提货的当天。

委托加工的应税消费品，委托方用于连续生产应税消费品的，所纳税款准予按规定抵扣。

四、进口应税消费品的纳税义务发生时间。

《消费税暂行条例》及其实施细则规定，纳税人进口应税消费品的，于报关进口时纳税，纳税义务发生时间为报关进口的当天。

五、出口应税消费品退关后纳税义务发生时间。

自2015年12月23日起，纳税人直接出口的应税消费品办理免税后，发生退关或者国外退货，复进口时已予以免税的，可暂不办理补税，待其转为国内销售的当月申报缴纳消费税。

（国家税务总局关于取消销货退回消费税退税等两项消费税审批事项后有关管理问题的公告，国家税务总局公告2015年第91号，发文日期：2015-12-23）

案例解析15

收到预收款时需要缴纳增值税和消费税吗？

2018年7月，天马游艇制造公司与客户签订合同，按客户要求制造一艘机动游艇。合同约定：工期18个月，2018年8月1日，买方预付全部货款80万元。2018年8月1日，游艇制造公司收到了购货方的预付账款80万元。该笔业务中天马游艇制造公司应如何缴纳增值税和消费税？

答：《增值税暂行条例实施细则》第三十八条第四项规定，采取预收货款方式销售货物，为货物发出的当天，但生产销售生产工期超过12个月的大型机械设备、船舶、飞机等货物，为收到预收款或者书面合同约定的收款日期的当天。由于游艇的生产工期超过 12 个月，2018 年 8 月 1 日合同约定的收取预付款的当天应确认 80 万元的增值税销售额，申报缴纳增值税。根据《消费税暂行条例实施细则》第八条第一项规定，采取预收货款结算方式的，消费税纳税义务发生时间为发出应税消费品的当天。因此，天马游艇制造公司采取预收款结算方式销售游艇，应于完成机动游艇的建造、发出游艇时确认消费税销售额，申报缴纳消费税。

案例解析 16

销售应税消费品的货款没有收到，需要缴纳消费税吗？

天马酒厂所产白酒销售压力大，回款周期就长，一般合同会约定几个月回款期。发出商品确认收入后，货款还未收到，天马酒厂就先把消费税和增值税给垫出去了，结果资金变得非常紧张。请问：天马酒厂的做法对吗？

答：《消费税暂行条例实施细则》第八条第一款规定，纳税人销售应税消费品的，按不同的销售结算方式，消费税纳税义务发生时间分别为：

1. 纳税人采取赊销和分期收款结算方式的，为书面合同约定的收款日期的当天，书面合同没有约定收款日期或者无书面合同的，为发出应税消费品的当天。

2. 纳税人采取预收货款结算方式的，为发出应税消费品的当天。

3. 纳税人采取托收承付和委托银行收款方式的，为发出应税消费品并办妥托收手续的当天。

4. 纳税人采取其他结算方式的，为收讫销售款或者取得索取销售款凭据的当天。“销售”为“有偿转让货物所有权”。

天马酒厂采用赊销方式销售白酒，纳税义务发生时间为合同约定的收款日期，也就是说，在发出酒时暂不缴纳增值税和消费税，合同约定的收款日期到了，再缴纳增值税和消费税。

发出商品时，销项税额应暂时挂放在“待转销项税额”明细科目，暂时不计提消费税，会计处理为：

借：应收账款

　贷：主营业务收入

　　　应交税费——待转销项税额

收到货款时，或到合同约定的收款时间时：

借：应交税费——待转销项税额

　贷：应交税费——应交增值税（销项税额）

借：税金及附加

　贷：应交税费——应交消费税

重点难点即时练 13

1. 纳税人缴纳消费税的地点包括（　　）。

　A. 纳税人销售应税消费品，在纳税人机构所在地或居住地主管税务机关申报纳税

　B. 委托加工应税消费品，在委托方机构所在地或居住地主管税务

机关申报纳税

C. 委托代销应税消费品，应在委托方机构所在地或居住地缴纳税款

D. 进口应税消费品由进口人或者其代理人在报关地海关申报纳税

2. 消费税纳税人发生下列行为，其具体纳税地点是(　　)。

A. 纳税人自产自用应税消费品的，应当向纳税人机构所在地或居住地主管税务机关申报纳税

B. 纳税人到外县(市)销售应税消费品的，应向销售地税务机关申报缴纳消费税

C. 委托个人加工的应税消费品，由委托方向其机构所在地或者居住地主管税务机关申报纳税

D. 纳税人的总机构与分支机构不在同一县(市)的，应由总机构汇总向总机构所在地的主管税务机关申报纳税

3. 下列有关消费税纳税期限叙述正确的有(　　)。

A. 纳税人以一个月为一期纳税的，自期满之日起 15 日内申报纳税

B. 纳税人以 1 日、3 日、5 日、10 日，或 15 日为一期纳税的，自期满之日起 10 日内预缴税款，于次月 1 日起 15 日内申报纳税

C. 纳税人进口应税消费品，应当自海关填发税款缴纳证的次日起 10 日内缴纳税款

D. 不能按照固定期限纳税的，可以按次纳税

4. 根据《消费税暂行条例实施细则》的规定，消费税纳税义务发生时间根据不同情况分别确定为(　　)。

A. 纳税人委托加工的应税消费品，其纳税义务发生时间为纳税人提货的当天

B. 纳税人进口的应税消费品，其纳税义务发生时间为报关进口的当天

C. 纳税人采取预收货款结算方式销售应税消费品的，其纳税义务发生时间为收到预收货款的当天

D. 纳税人自产自用的应税消费品，用于生产非应税消费品的，其纳税义务发生时间为移送使用的当天

5. 纳税人销售的应税消费品，其纳税义务的发生时间是(　　)。

A. 采取赊销和分期收款结算方式的，为书面合同规定的收款日期的当天

B. 采取赊销和分期收款结算方式的，无书面合同的，为实际收到销售款项的当天

C. 采取预收货款方式销售生产工期超过12个月的游艇，为收到预收款或者书面合同约定的收款日期的当天

D. 采用托收承付和委托银行收款方式销售的应税消费品，为发出应税消费品并办妥托收手续的当天

第7章

金银首饰消费税

《关于调整金银首饰消费税纳税环节有关问题的通知》规定，自1995年1月1日起，金银首饰消费税由生产销售环节征收改为零售环节征收。

7.1 改为零售环节征收消费税的金银首饰范围

一、金银首饰。

改为零售环节征收消费税的金银首饰范围仅限于：金、银和金基、银基合金首饰，以及金、银和金基、银基合金的镶嵌首饰（以下简称金银首饰）。金银首饰的范围不包括镀金（银）、包金（银）首饰，以及镀金（银）、包金（银）的镶嵌首饰。

二、采用包金、镀金工艺以外的其他工艺制成的含金、银首饰及镶嵌首饰。

在零售环节征收消费税的金银首饰的范围不包括镀金（银）、包金（银）首饰，以及镀金（银）、包金（银）的镶嵌首饰，凡采用包金、镀金工艺以外的其他工艺制成的含金、银首饰及镶嵌首饰，如锻压金、铸金、复合金首饰等，都应在零售环节征收消费税。

（国家税务总局关于锻压金首饰在零售环节征收消费税问题的批复，国税函

〔1996〕727号,发文日期:1996-12-23)

三、钻石及钻石饰品。

自2001年11月1日起,对钻石及钻石饰品消费税的纳税环节由现在的生产环节、进口环节后移至零售环节;对未镶嵌的成品钻石和钻石饰品的消费税减按5%的税率征收。

(财政部　国家税务总局关于钻石及上海钻石交易所有关税收政策的通知,财税〔2001〕177号,发文日期:2001-11-03;财政部　国家税务总局关于钻石消费税有关问题的通知,财税〔2013〕40号,发文日期:2013-07-04)

四、铂金首饰。

自2003年5月1日起,铂金首饰消费税的征收环节由现行在生产环节和进口环节征收改为在零售环节征收,消费税税率调整为5%。具体征收管理比照《财政部　国家税务总局关于调整金银首饰消费税纳税环节有关问题的通知》(财税字〔1994〕95号)和国家税务总局关于印发《金银首饰消费税征收管理办法的通知》规定执行。

(财政部　国家税务总局关于铂金及其制品税收政策的通知,财税〔2003〕86号,发文日期:2003-04-28)

政策解析　铂金(Platinum,简称Pt),是一种天然的白色贵金属。根据国家贵金属首饰标准,只有铂金才可以称为白金。另外,只有含铂量在850‰以上的首饰才能带有铂金的专有标志——铂(铂金,白金)或Pt。2009年11月1日开始正式实施的GB 11887—2008《首饰贵金属纯度的规定及命名方法》规定,铂及其合金的纯度范围:纯度千分数最小值/‰包括850、900、950、990(999)。

案例解析17

商场或金融机构销售的金条、金币、金银摆件等属于金银首饰范围,应征收消费税吗?

天马商场金银首饰柜台除了销售金银首饰外,还销售金条、金摆件、银摆件、金币、银币、金牌等产品,金条、金币、金银摆件等是否要征收消费税?

答:根据《消费税征收范围注释》(国税发〔1993〕153号)第五条之规定:贵重首饰及珠宝玉石的征收范围包括各种金银珠宝首饰和经采掘、打磨、加工的各种珠宝玉石。其中金银珠宝首饰包括:凡以金、银、白金、宝石、珍珠、钻石、翡翠、珊瑚、玛瑙等高贵稀有物质以及其他金属、人造宝石等制作的各种纯金银首饰及镶嵌首饰(含人造金银、合成金银首饰等)。而黄金金条、金银摆件、金牌等不属于以上范围,所以,黄金金条、金银摆件、金牌等不属于消费税"贵重首饰及珠宝玉石"税目的征收范围,不征收消费税。

案例解析18

商场销售的钯金首饰应当缴纳消费税吗?

天马商场金银首饰柜台除了销售金银首饰、铂金首饰外,还销售钯金首饰。请问:钯金首饰是否要征收消费税?

答:钯金(Palladium)是铂族的一员,银白色,符号Pd,比重12,轻于铂,延展性强,比铂稍硬,不溶于有机酸、冷硫酸或盐酸,但溶于硝酸和王水。常态下钯金不易氧化和失去光泽,温度400 ℃左右表面会产生氧化物，但温度上升至900℃又恢复光泽。钯金颜色、外观与铂金相似，金属光泽。目前市场上的钯金首饰为Pd950，主要有项链、戒指、耳坠、胸花等。

目前，改在零售环节征收消费税“金银首饰”的范围为：一是金银首饰，二是铂金首饰，三是钻石及钻石饰品。钯金首饰不属于上述范围，不应当在零售环节征收消费税。因此，天马商场销售的钯金首饰不需要缴纳消费税。

案例解析19

商场销售的珍珠项链属于金银首饰范围，应征收消费税吗？

天马商场销售珍珠项链（挂扣为18K铂金），是否应缴纳消费税？

答：根据《财政部 国家税务总局关于调整金银首饰消费税纳税环节有关问题的通知》（财税字〔1994〕95号）规定，金银首饰范围仅限于：金、银和金基、银基合金首饰，以及金、银和金基、银基合金的镶嵌首饰（以下简称金银首饰）。不属于上述范围的应征消费税的首饰（以下简称非金银首饰），仍在生产销售环节征收消费税。珍珠项链虽然挂扣为18K铂金，但并不属于金银首饰范围，应在生产环节缴纳消费税。因此，天马商场销售珍珠项链不应缴纳消费税。

7.2 税率

金银首饰消费税税率为5%。

7.3 纳税义务人

在中华人民共和国境内从事金银首饰零售业务的单位和个人，为金银首饰消费税的纳税人；委托加工（另有规定者除外）、委托代销金银首饰的，受托方也是纳税人。

对既销售金银首饰，又销售非金银首饰的生产、经营单位，应将两类商品划分清楚，分别核算销售额。凡划分不清楚或不能分别核算的，在生产环节销售的，一律从高适用税率征收消费税；在零售环节销售的，一律按金银首饰征收消费税。经营单位兼营生产、加工、批发、零售金银首饰业务的，应分别核算销售额，未分别核算销售额或者划分不清的，一律视同零售征收消费税。

政策解析 在金银首饰消费税征管历史中，《金银首饰购货（加工）管理证明单》作为划分企业经济业务是金银首饰加工、批发业务还是零售业务，即作为划分金银首饰应税与非应税业务的凭据，曾发挥了重要作用，但基于国税函〔2004〕826号文已取消金银首饰消费税纳税人的认定程序，国家税务总局发布了停止执行该证明单使用规定的通知（国税函〔2005〕193号），目前该证明单已不再使用。但这并不意味着国家放松了对金银首饰消费税的征管，相反各级税务机关正在加大针对金银首饰经营单位申报纳税情况的经常性专项检查力度。这实际上也就增加了纳税人自主申报的责任。据悉，有关部门正在进一步研究取消该证明单后金银首饰消费税的管理办法。

7.4　征税范围

国税函〔1997〕306号规定,"金银首饰的零售业务"是指将金银首饰销售给中国人民银行批准的金银首饰生产、加工、批发、零售单位(以下简称经营单位)以外的单位和个人的业务(另有规定者除外)。下列行为视同零售业务:

(一)为经营单位以外的单位和个人加工金银首饰。加工包括带料加工、翻新改制、以旧换新等业务,不包括修理、清洗业务。

(二)经营单位将金银首饰用于馈赠、赞助、集资、广告、样品、职工福利、奖励等方面。

(三)未经中国人民银行总行批准经营金银首饰批发业务的单位将金银首饰销售给经营单位。

该条款被国税发〔2006〕62号废止,金银首饰的经营单位也不必到税务机关办理金银首饰消费税纳税人登记了,但按照目前政策,改在环节征收消费税的"零售金银首饰"仍然包括下列三项行为:

(一)销售金银首饰(指零售,含以旧换新)。

(二)加工金银首饰,包括带料加工、翻新改制。

(三)用于馈赠、赞助、集资、广告、样品、职工福利、奖励等方面的金银首饰。

案例解析 20

对出国人员免税商店销售的金银首饰是否征收消费税?

出国人员免税商店销售的金银首饰是否征收消费税?

答: 根据《国家税务总局关于印发〈消费税问题解答〉的通知》(国税函〔1997〕306 号)规定,对出国人员免税商店销售的金银首饰应当征收消费税。也就是说,出国人员免税商店免征的是关税,而并不是增值税、消费税等流转税。

7.5 纳税环节

纳税人零售金银首饰(含以旧换新),于销售时纳税;用于馈赠、赞助、集资、广告、样品、职工福利、奖励等方面的金银首饰,于移送时纳税;带料加工、翻新改制的金银首饰,于受托方交货时纳税。

金银首饰消费税改变征税环节后经营单位进口金银首饰的消费税,由进口环节征收改为在零售环节征收;出口金银首饰由出口退税改为出口不退消费税。

个人携带、邮寄金银首饰进境,仍按海关现行规定征税。

7.6 纳税义务发生时间

纳税人销售金银首饰,其纳税义务发生时间为收讫销货款或取得销货凭据的当天；用于馈赠、赞助、集资、广告、样品、职工福利、奖励等方面的金银首饰，其纳税义务发生时间为移送的当天；带料加工、翻新改制的金银首饰，其纳税义务发生时间为受托方交货的当天。

重点难点即时练 14

1. 改在零售环节征收消费税的金银首饰包括(　　)。

A. 铂金首饰　　　　B. 金基、银基合金首饰

C. 金、银摆件　　　　D. 镀金、包金首饰

2. 关于金银首饰消费税政策，下列(　　)陈述是正确的。

A. 金银首饰出口不退消费税、进口不征消费税

B. 镀金首饰和钻石应在生产环节征收消费税

C. 包金首饰应在零售环节征收消费税

D. 铂金首饰在生产环节征收消费税

3. 关于金银首饰消费税政策，下列(　　)陈述是正确的。

A. 金、银和金基、银基合金首饰，以及金、银和金基、银基合金的镶嵌首饰统称为金银首饰

B. 对既销售金银首饰，又销售非金银首饰的生产、经营单位，应将两类商品划分清楚，分别核算销售额。凡划分不清楚或不能分别核算的一律按金银首饰征收消费税

C. 翻新改制首饰征收消费税，但修理首饰不征消费税

D. 个人携带或邮寄进境自用的金银首饰在进口环节不征收消费税

4. 天马金店采取“以旧换新”方式销售24K纯金项链1条，并以同一方式销售某名牌金表1块(销售价格68 000元)，下列说法正确的有(　　)。

A. 纯金项链只缴纳增值税

B. 纯金项链只缴纳消费税

C. 纯金项链缴纳消费税和增值税

D. 金表缴纳消费税和增值税

E. 金表只缴纳增值税

5. 关于金银首饰征收消费税，下列表述正确的有(　　)。

A. 以旧换新方式销售的金银首饰，其纳税义务发生时间为取得销售额或取得销售额凭据的当天

B. 用于职工福利的金银首饰，其纳税义务发生时间为移送的当天

C. 翻新改制金银首饰，其纳税义务发生时间为受托方交货的当天

D. 带料加工的金银首饰，其纳税义务发生时间为受托方交货的当天

7.7 计税依据

1. 纳税人销售金银首饰，其计税依据为不含增值税的销售额。如果纳税人销售金银首饰的销售额中未扣除增值税税款，在计算消费税时，应按以下公式换算为不含增值税税款的销售额。

金银首饰的销售额＝含增值税的销售额÷(1＋增值税税率或征收率)

2. 金银首饰连同包装物销售的，无论包装物是否单独计价，也无论会计上如何核算，均应并入金银首饰的销售额，计征消费税。

3. 带料加工的金银首饰，应按受托方销售同类金银首饰的销售价格确定计税依据，征收消费税。没有同类金银首饰销售价格的，按照组成计税价格计算纳税。组成计税价格的计算公式为：

组成计税价格＝(材料成本＋加工费)÷(1－金银首饰消费税税率)

4. 纳税人采用以旧换新(含翻新改制)方式销售的金银首饰，应按实际收取的不含增值税的全部价款确定计税依据征收消费税。

5. 生产、批发、零售单位用于馈赠、赞助、集资、广告、样品、职工福利、奖励等方面的金银首饰，应按纳税人销售同类金银首饰的销售价格确定计税依据，征收消费税；没有同类金银首饰销售价格的，按照组成计税价格计算纳税。组成计税价格的计算公式为：

组成计税价格＝购进原价×(1＋利润率)÷(1－金银首饰消费税税率)

纳税人为生产企业时，公式中的“购进原价”为生产成本。公式中的“利润率”一律定为6%。

6. 对消费者个人委托加工的金银首饰及珠宝玉石，可暂按加工费征收消费税。

(国家税务总局关于消费税若干征税问题的通知，国税发〔1994〕130号，发文日期：1994-05-26)

政策解析 与其他应税消费品的委托加工业务相比，金银首饰委托加工业务和以旧换新业务的消费税具有很多特殊性：

1. 委托加工业务的消费税纳税人为受托方。

一般应税消费品的委托加工，以委托方为消费税纳税义务人，受托方只是代收代缴义务人；而金银首饰的委托加工，则以受托方为纳税义务人。

2. 委托加工业务的消费税计税依据分两种情形。

对于一般应税消费品的委托加工业务，其消费税计税依据就是受托方同类产品的销售价格或组成计税价格，而金银首饰委托加工消费税的计税依据，则根据受托方是个人还是单位而有所不同。根据国税发〔1994〕130 号文规定，对消费者个人委托加工的金银首饰，按收取的加工费征收消费税，而对于单位的带料加工业务，根据财税〔1994〕95 号文规定，计税依据为受托方销售同类金银首饰的销售价格或组成计税价格。因此，委托方的身份不同，其消费税的计税依据也是不同的。

3. 以旧换新业务的消费税计税依据为实际收取的差价（不含增值税）。

对于一般应税消费品的以旧换新业务，应定性为“纳税人用于换取生产资料和消费资料”的应税消费品，根据国税发〔1993〕156 号文规定，以纳税人当期同类应税消费品的最高销售价格作为计税依据；而对于金银首饰以旧换新业务，根据财税〔1994〕95 号文规定，应按实际收取的不含增值税的全部价款为消费税计税依据。这主要是因为金银首饰以旧换新业务中，换进的是已税旧应税消费品，按照不重复征税的原则，只对收取的不含增值税的补价征税。

〔例题7-1〕 天马珠宝金店为举行开业盛典，将不同品种的金银首饰共计200克，用做广告样品，当期无销售，该批首饰的购进单价为120元/克（不含税）。问该店当期应纳的消费税税额的计税依据是（　　）。（金银首饰的全国平均利润率为6%）

A. 28 266.67元　　B. 26 778.95元

C. 26 526.32元　　D. 28 000元

答案：B

解析：200×120×(1+6%)÷(1−5%)=26 778.95(元)

〔例题7-2〕 天马珠宝店（增值税一般纳税人），2018年7月发生如下业务：

(1) 销售A牌金戒指给消费者，取得含税收入300 000元，另外收取单独计价核算的包装盒收入20 000元。

(2) 购进B牌金戒指200枚，专用发票注明的金额200 000元，税额32 000元，款项已付。入库后，该店将其中的10枚作为福利发放给职工。

(3) 开展以旧换新业务，用24K金项链600克（含税售价100元/克）从消费者手中换回旧的金项链600克，另向消费者收取现金6 000元。

(4) 销售镀金耳环1 000克，不含税售价28元/克。

计算该店当月应纳增值税税额、消费税税额是多少。(金银首饰的消费税税率为5%;全国平均成本利润率为6%)

解析:应纳增值税=(300 000÷1.16+20 000÷1.16+6 000÷1.16+1 000×28)×16%-(32 000-10×200 000÷200×16%)=19 045.52(元)

应纳消费税=[300 000÷1.16+20 000÷1.16+10×200 000÷200×(1+6%)÷(1-5%)+6 000÷1.16]×5%=14 609.62(元)

答:该店当月应纳增值税19 045.52元,应纳消费税14 609.62元。

7.8 纳税地点

纳税人应向其核算地主管国家税务局申报纳税。

纳税人总机构与分支机构不在同一县(市)的,分支机构应纳税款应在所在地缴纳。但经国家税务总局及省级国家税务局批准,纳税人分支机构应纳消费税税款也可由总机构汇总向总机构所在地主管国家税务局缴纳。

7.9 其他问题

7.9.1 外购珠宝玉石生产金银首饰抵扣问题

金银首饰消费税改变纳税环节以后,用已税珠宝玉石生产的《通知》范围内的镶嵌首饰，在计税时一律不得扣除买价或已纳的消费税税款。

（财政部　国家税务总局关于调整金银首饰消费税纳税环节有关问题的通知，财税字〔1994〕95号，发文日期：1994-12-24；国家税务总局关于印发《金银首饰消费税征收管理办法》的通知，国税发〔1994〕267号，发文日期：1994-12-26）

〔例题7-3〕　2018年7月，天马珠宝厂（增值税一般纳税人）从厂家购进珠宝坯100万元，取得增值税专用发票，注明增值税税额16万元。当期生产领用珠宝坯80万元并全部形成珠宝成品（账面价值100万元），领用珠宝成品（账面价值20万元）用于金银首饰生产，当月直接销售珠宝首饰取得销售额120万元。当月向消费者零售金银首饰不含税销售额为40万元，批发金银首饰10万元。纳税人能够分别核算不同产品的销售额，上述有关数额均不含增值税。请计算天马珠宝厂7月应纳的消费税、增值税税额。

解析：(1) 生产金银首饰不得抵扣的消费税＝80×10％×20÷100＝1.6（万元）

本期应纳消费税＝120×10％＋40×5％－(80×10％－1.6)＝12＋2－6.4＝7.6（万元）

(2) 进项税额为16万元。

销项税额＝(120＋40＋10)×16％＝27.2（万元）

应纳增值税税额＝27.2－16＝11.2（万元）

答：天马珠宝厂7月应纳消费税7.6万元，增值税11.2万元。

7.9.2 申报资料

纳税人办理纳税申报时，除应按《税收征收管理法》的规定报送有关资料外，还应报送《金银饰品购销存月报表》。

7.9.3 取消金银首饰消费税纳税人认定

根据《国务院关于第三批取消和调整行政审批项目的决定》(国发〔2004〕16号)，“金银首饰消费税纳税人认定”属于被取消的行政审批项目。

(一) 停止执行《国家税务总局关于印发〈金银首饰消费税征收管理办法〉的通知》(国税发〔1994〕267号)中《金银首饰消费税征收管理办法》的第五条“金银首饰消费税纳税人的认定”。

(二) “金银首饰消费税纳税人的认定”程序取消后，各级税务机关要加大征管力度，对金银首饰经营单位申报纳税情况进行经常性专项检查。

(国家税务总局关于取消金银首饰消费税纳税人认定行政审批后有关问题的通知，国税函〔2004〕826号，发文日期:2004-06-25)

7.9.4 停止使用《金银首饰购货(加工)管理证明单》

根据《国家税务总局关于取消金银首饰消费税纳税人认定行政审批后有关问题的通知》(国税函〔2004〕826号)的规定，金银首饰消费税纳税人的认定程序已被取消。鉴于该认定程序取消后，《金银首饰购货

(加工)管理证明单》领用对象的确认已经失去了依据,停止执行《金银首饰消费税征收管理办法》(国税发〔1994〕267号)等文件中有关证明单的使用规定。

(国家税务总局关于停止执行《金银首饰购货(加工)管理证明单》使用规定的批复,国税函〔2005〕193号,发文日期:2005-03-04)

重点难点即时练 15

1. 某商业大厦销售金银首饰与非金银首饰,未分别核算,计征消费税的适用税率是(　　)。

A. 5%　　B. 10%　　C. 17%　　D. 30%

2. 下列关于金银首饰消费税计税依据的说法中,表述不正确的是(　　)。

A. 金银首饰连同包装物销售的,无论包装物是否单独计价,也无论会计上如何核算,均应并入金银首饰的销售额,计征消费税

B. 单位带料加工的金银首饰,应按受托方销售同类金银首饰的销售价格确定计税依据,征收消费税

C. 纳税人采取以旧换新方式销售的金银首饰,应按实际收取的不含增值税的全部价款确定计税依据

D. 纳税人采取翻新改制方式销售的金银首饰,以同类产品的售价作为计税依据

3. 根据现行消费税的规定,下列说法正确的是(　　)。

A. 固定业户到外县(市)临时销售金银首饰,未持有其机构所在地主管国家税务局核发的外出经营税收管理证明的,销售地主管税务局一律按规定征收消费税,业户回机构所在地后不再申报纳税

B. 金银首饰经营单位用于馈赠、赞助的金银首饰,应按纳税人销售同类金银首饰的销售价格确定计税依据,征收消费税

C. 消费者个人委托加工金银首饰,计税依据为受托方收取的加工费

D. 金银首饰生产单位用已税的珠宝玉石生产的金银镶嵌首饰,在计税时一律不得扣除已纳消费税

4. 2018 年 7 月,天马百货公司黄金饰品部(央行批准的金银零售单位,增值税一般纳税人)直接零售金首饰 300 克,每克零售价 200 元;以旧换新销售金首饰,收回旧首饰 200 克,换出新首饰 350 克,按每克零售价 200 元收取差价 30 000 元,并收取旧首饰折价补偿 18 元/克。销售钻石首饰取得零售收入 173 200 元,修理钻石饰品取得修理收入 4 680 元;销售珍珠、玉石首饰取得零售收入 14 040 元;销售服装取得不含税收入 600 000 元。天马百货公司当月应缴纳消费税(　　)元。

A. 11 500　　B. 11 700　　C. 12 500　　D. 20 200

5. 天马首饰商城为增值税一般纳税人,2018 年 7 月发生以下业务:

(1) 零售金银首饰,取得含税收入 290 000 元。

(2) 采取“以旧换新”方式向消费者销售金项链 2 000 条,新项链每

条零售价2 500元，旧项链每条作价2 200元，每条项链取得含倍差价款300元。

(3) 为某银行庆典加工金银首饰，银行提供原料含税金额301 600元，取得银行支付的含税加工费收入46 400元(商城无同类首饰价格)。

(4) 向消费者取得首饰含税修理费2 320元。

(5) 零售镀金首饰一批(能够分别核算)，收取含税零售收入34 800元。

(6) 外购金银首饰一批，取得的增值税普通发票上注明的含税价款400万元；外购镀金首饰一批，取得增值税专用发票，注明价款500 000元、增值税80 000元。

(其他相关资料：金银首饰零售环节消费税税率为5%)

要求：根据上述资料，按下列序号计算回答问题。(每问需计算出合计数)

(1) 销售金银首饰应缴纳的消费税。

(2) “以旧换新”销售金项链应缴纳的消费税。

(3) 定制加工金银首饰应缴纳的消费税。

(4) 修理首饰和零售镀金首饰应缴纳的消费税。

(5) 该商城7月应缴纳的增值税。

第8章

成品油消费税政策

经国务院批准，自 2009 年 1 月 1 日起，提高成品油消费税税率。财政部、国家税务总局联合下发了《财政部 国家税务总局关于提高成品油消费税税率的通知》（财税字〔2008〕167 号）和《财政部 国家税务总局关于调整和完善成品油消费税政策的通知》（财税字〔2008〕168 号）。有关成品油消费税征收管理规定如下：

8.1 成品油发票的开具

自 2018 年 3 月 1 日起，所有成品油发票均须通过增值税发票管理新系统中成品油发票开具模块开具。

（一）成品油发票是指销售汽油、柴油、航空煤油、石脑油、溶剂油、润滑油、燃料油等成品油所开具的增值税专用发票（以下称“成品油专用发票”）和增值税普通发票。

（二）纳税人需要开具成品油发票的，由主管税务机关开通成品油发票开具模块。

（三）开具成品油发票时，应遵守以下规则：

1. 正确选择商品和服务税收分类编码。

2. 发票“单位”栏应选择“吨”或“升”，蓝字发票的“数量”栏为必填项且不为“0”。

3. 开具成品油专用发票后，发生销货退回、开票有误以及销售折让等情形的，应按规定开具红字成品油专用发票。

销货退回、开票有误等原因涉及销售数量的，应在《开具红字增值税专用发票信息表》中填写相应数量，销售折让的不填写数量。

4. 成品油经销企业某一商品和服务税收分类编码的油品可开具成品油发票的总量，应不大于所取得的成品油专用发票、海关进口消费税专用缴款书对应的同一商品和服务税收分类编码的油品总量。

成品油经销企业开具成品油发票前，应登陆增值税发票选择确认平台确认已取得的成品油专用发票、海关进口消费税专用缴款书信息，并通过成品油发票开具模块下载上述信息。

（国家税务总局关于成品油消费税征收管理有关问题的公告，国家税务总局公告2018年第1号，发文日期：2018-01-02）

案例解析21

成品油生产企业销售成品油开具发票时，“单位”栏可以填写“桶”吗？

天马公司是生产润滑油的企业，生产后连桶销售，每桶净重0.17吨。天马公司在填开增值税发票时，“单位”栏是填写吨还是桶，“数量”栏是填写0.17吨还是1桶？

答：根据《国家税务总局关于成品油消费税征收管理有关问题的公告》（国家税务总局公告2018年第1号）规定，自2018年3月1日起，纳税人需要开具成品油发票的，应当通过成品油发票开具模块；开具成品油发票时，发票"单位"栏应选择"吨"或"升"，蓝字发票的"数量"栏为必填项且不为"0"。天马公司销售润滑油开具成品油发票时，"单位"栏应当填写"吨"，"数量"栏应当填写0.17。

8.2 成品油已纳消费税抵扣的规定

8.2.1 抵扣范围

自2008年1月1日起，以外购或委托加工收回的已税石脑油、润滑油、燃料油、汽油、柴油为原料生产的应税消费品，准予从消费税应纳税额中扣除原料已纳的消费税税款。抵扣税款的计算公式为：当期准予扣除的外购应税消费品已纳税款＝当期准予扣除外购应税消费品数量×外购应税消费品单位税额。

（财政部 国家税务总局关于调整部分成品油消费税政策的通知，财税〔2008〕19号，发文日期：2008-02-02）

8.2.2 抵扣凭证

自2018年3月1日起，外购、进口和委托加工收回的汽油、柴油、石脑油、燃料油、润滑油用于连续生产应税成品油的，应凭通过增值税发票选择确认平台确认的成品油专用发票、海关进口消费税专用缴款书，以及税收缴款书（代扣代收专用），按规定计算扣除已纳消费税税款，其他凭证不得作为消费税扣除凭证。

外购用于连续生产的成品油，取得2018年2月28日前(包括2月28日)开具的增值税专用发票且符合扣除规定的，纳税人应于税款所属期2018年4月前申报，计入《本期准予扣除税额计算表》"本期外购入库数量"中，连续生产耗用后，按规定计算扣除已纳消费税税款。

(财政部　国家税务总局关于提高成品油消费税税率后相关成品油消费税政策的通知，财税〔2008〕168号，发文日期：2008-12-19)

8.3　乙醇汽油消费税政策

自2009年1月1日起，对用外购或委托加工收回的已税汽油生产的乙醇汽油免税。用自产汽油生产的乙醇汽油，按照生产乙醇汽油所耗用的汽油数量申报纳税。

(财政部　国家税务总局关于提高成品油消费税税率后相关成品油消费税政策的通知，财税〔2008〕168号，发文日期：2008-12-19)

8.4　石脑油、燃料油消费税政策

自2011年10月1日起，对使用石脑油、燃料油生产乙烯、芳烃的企业(以下简称使用企业)购进并用于生产乙烯、芳烃类化工产品的石脑油、燃料油，按实际耗用数量暂退还所含消费税；生产企业自产石脑油、燃料油用于生产乙烯、芳烃类化工产品的，按实际耗用数量暂免征消费税。具体优惠政策及征收管理请参见5.1.3石脑油、燃料油。

8.5 成品油生产企业申报管理

自税款所属期2018年3月起,纳税人申报成品油消费税时应填写新的《成品油消费税纳税申报表》及其附列资料。享受成品油消费税减免税优惠政策的纳税人,在纳税申报时应同时填写《国家税务总局关于调整消费税纳税申报有关事项的公告》(国家税务总局公告2015年第32号)公布的《本期减(免)税额明细表》。

纳税人申报的某一类成品油销售数量,应大于或等于开具的该同一类成品油发票所载明的数量;申报扣除的成品油数量,应小于或等于取得的扣除凭证载明数量。申报比对相符后,主管税务机关对纳税人的税控设备进行解锁;比对不相符的,待解除异常后,方可解锁。

(国家税务总局关于成品油消费税征收管理有关问题的公告,国家税务总局公告2018年第1号,发文日期:2018-01-02)

8.6 成品油经销企业管理

一、成品油经销企业发票开具。

自2018年3月1日起,成品油经销企业某一商品和服务税收分类编码的油品可开具成品油发票的总量,应不大于所取得的成品油专用发票、海关进口消费税专用缴款书对应的同一商品和服务税收分类编码的油品总量。

成品油经销企业开具成品油发票前，应登陆增值税发票选择确认平台确认已取得的成品油专用发票、海关进口消费税专用缴款书信息，并通过成品油发票开具模块下载上述信息。

二、过渡期成品油经销企业发票录入。

成品油经销企业应于 2018 年 3 月 10 日前（包括 3 月 10 日），将截至 2018 年 2 月 28 日的成品油库存情况（不包括未取得增值税专用发票、海关进口消费税专用缴款书的成品油库存）录入增值税发票选择确认平台。

（国家税务总局关于成品油消费税征收管理有关问题的公告，国家税务总局公告 2018 年第 1 号，发文日期：2018-01-02）

8.7　汽油、柴油消费税管理办法

为了加强汽油、柴油消费税管理，提高征管质量和效率，实现消费税重点税源专人现场集中管理的目标，国家税务总局制定了《汽油、柴油消费税管理办法（试行）》，自 2005 年 9 月 1 日起施行。

8.7.1　登记管理

一、登记时提供的资料。

纳税人应按照征管法及其实施细则的有关规定办理税务登记，纳税人除依照有关规定提供相关资料外，还必须提供下列资料：

1. 生产企业基本情况表。

2. 生产装置及工艺路线的简要说明。

3. 企业生产的所有油品名称、产品标准及用途。

4. 税务机关要求报送的其他资料。

二、相关情况变化时报告。

已经办理税务登记的纳税人，其原油加工能力、生产装置、储油设施、油品名称、产品标准及用途发生变化的，应自发生变化之日起30日内向主管税务机关报告。

主管税务机关应在纳税人办理税务登记后或接到情况变化的报告后，及时到纳税人所在地实地查验、核实。

8.7.2 对成品油生产企业的管理

一、主管税务机关应对纳税人实行专责管理。

二、主管税务机关应定期委派管理员到生产企业所在地了解纳税人的生产经营情况及与纳税有关的情况。向纳税人宣传贯彻税收法律、法规和各项税收政策，开展纳税服务，为纳税人提供税法咨询和办税辅导，督促纳税人正确履行纳税义务、建立健全财务会计制度、加强账簿凭证管理。

三、主管税务机关应当掌握纳税人生产经营、财务核算的基本情况。掌握纳税人原油、原料油品输入、输出管道、炼化装置、燃料油品运输口岸(管道运输、火车运输、船舶运输、罐车运输)等储运部门的具体位置，燃料油品流量计(表、检尺)的安装位置。了解产品重量单位的计算方法(在一定温度下重量＝体积×密度)，统计部门燃料油品产量计算方式、商品量的调整依据。

四、主管税务机关应定期将依据纳税人储运部门的油品收发台账统计的油品发出量与流量表的流量总计或通过检尺检测后计算的流量总计进行核对。

五、主管税务机关应对纳税人油品销售对象进行监控。定期将纳税人统计的油品发出量与销售对象（如石油公司等）的流量记录情况进行核对。

六、主管税务机关应定期对纳税人开展纳税评估。综合运用纳税人申报资料及第三方信息资料（如原油加工损失等）和评估指标定义及比对方法，对纳税人纳税申报的真实性、准确性做出初步判断，根据评估分析发现的问题，约谈纳税人。

七、汽油、柴油消费税纳税评估指标包括：原油及原料油加工量、原油库存能力、汽油库存能力、柴油库存能力、综合商品率、轻油收率、汽油收率、柴油收率、柴油、汽油产出比、税务机关计算的汽油销售数量、税务机关计算的柴油销售数量。

八、主管税务机关应对纳税人开具的除汽油、柴油以外的所有油品销售发票（增值税专用发票、有效凭证）按照销售对象进行区分，将有疑点的发票信息及时传递给销售对象所在地主管税务机关，由销售对象所在地主管税务机关进行协查。

九、销售对象所在地主管税务机关应对本环节购进货物用途、再销售对象进行核查，于收到核查信息后 15 日内将核查结论反馈给生产企业所在地主管税务机关。对于本环节仍有疑点的发票，销售对象所在地主管税务机关应继续向下一环节购货方所在地主管税务机关发出协查信息。

[国家税务总局关于印发《汽油、柴油消费税管理办法(试行)》的通知,国税发〔2005〕133号,发文日期:2005-08-25]

〔例题8-1〕 2018年7月,天马石化厂(增值税一般纳税人)销售汽油3 000吨,每吨8万元,将200升汽油用于连续生产溶剂油,将自产的汽油2吨用于连续生产乙烯;销售柴油5 000升,每升5元,将自产的柴油500升作为燃料用于食堂;销售溶剂油300升,每升7元;销售石脑油2 000升,每升8元,其中800升销售给芳烃类产品的生产厂商,已办理定点直供计划。该石化厂将化工原料2吨(账面价值为50万元)发往润滑油厂,委托其加工润滑油2.5吨,支付加工费4万元(不含税),取得增值税专用发票,当月收回全部加工的润滑油。计算该石化厂当月应纳的消费税和增值税是多少。

解析:用于连续生产溶剂油的汽油不征收消费税,用于连续生产乙烯的汽油免税;将自产的柴油作为燃料用于食堂,应当征收消费税;执行定点直供计划销售给芳烃类产品的生产厂商的石脑油免征消费税。

应向税务机关缴纳消费税=3 000×1 388×1.52+(5 000+500)×1.2+300×1.52+(2 000-800)×1.52=6 338 160(元)

受托方应代收代缴消费税=2.5×1 126×1.52=4 278.8(元)

纳税人当月共应纳消费税=6 338 160+4 278.8=6 342 438.8(元)

增值税销项税额=[3 000×80 000+(5 000+500)×5+300×7+2 000×8]×16%=38 407 296(元)

增值税进项税额＝40 000×16%＝6 400(元)

应纳增值税税额＝38 407 296－6 400＝38 400 896(元)

答:该石化厂当月应纳消费税 6 342 438.8 元,增值税 38 400 896 元。

重点难点即时练 16

1. 下列成品油应征消费税的有(　　)。

   A. 炼油厂将自产的石脑油用于连续生产乙烯

   B. 炼油厂将自产的柴油用于连续生产生物柴油

   C. 销售用外购汽油生产的甲醇汽油

   D. 销售用外购汽油生产的乙醇汽油

2. 关于消费税征税范围,下列说法错误的是(　　)。

   A. 炼油厂销售的用作乙烯、芳烃类产品原料的燃料油免征消费税

   B. 炼油厂销售的用作乙烯、芳烃类产品原料的溶剂油免征消费税

   C. 以植物性和矿物性基础油混合掺配而成的“混合性润滑油”,不论矿物性基础油所占比例高低,均属润滑油征税范围

   D. 对用外购或委托加工收回的已税汽油生产的乙醇汽油免征消费税

3. 下列关于成品油的涉税政策,正确的是(　　)。

   A. 润滑油的征收范围包括矿物性润滑油(基础油)、植物性润滑油、动物性润滑油、化工原料合成润滑油

   B. 石脑油的征收范围包括除汽油、柴油、航空煤油、溶剂油以外的

各种轻质油

C. 生产乙烯、芳烃等化工产品的化工企业购进石脑油、燃料油(已退税)用作生产乙烯、芳烃类化工产品原料的，在生产过程中产出的应税消费品应当征收消费税

D. 以原油以外的其他原料加工汽油、柴油、石脑油、溶剂油、航空煤油、润滑油和燃料油需要缴纳消费税

4. 下列关于成品油消费税规定的说法，表述错误的是(　　)。

A. 燃料油生产企业对外销售的用作生产乙烯、芳烃类化工产品原料的燃料油免征消费税

B. 对用作生产乙烯、芳烃类化工产品原料的进口燃料油退还消费税

C. 燃料油生产企业将自产的燃料油用于生产乙烯、芳烃等化工产品原料应按规定征收消费税

D. 生产乙烯、芳烃类化工产品的化工企业购进燃料油用作生产乙烯、芳烃化工产品原料的，应退还消费税

第 9 章

葡萄酒消费税的管理

葡萄酒是指以葡萄为原料，经破碎(压榨)、发酵而成的酒精度在1度(含)以上的葡萄原酒和成品酒(不含以葡萄为原料的蒸馏酒)。葡萄酒消费税适用“酒”税目下设的“其他酒”子目。

一、纳税人。

在中华人民共和国生产、委托加工、进口葡萄酒的单位和个人，为葡萄酒消费税纳税人。

二、葡萄酒连续生产抵扣政策。

(一) 抵扣范围。

自2015年5月1日起，纳税人从葡萄酒生产企业购进(以下简称外购)、进口葡萄酒连续生产应税葡萄酒的，准予从葡萄酒消费税应纳税额中扣除所耗用应税葡萄酒已纳消费税税款。如本期消费税应纳税额不足抵扣的，余额留待下期抵扣。

(二) 抵扣凭证。

纳税人以进口、外购葡萄酒连续生产应税葡萄酒，分别依据《海关进口消费税专用缴款书》《增值税专用发票》，按照现行政策规定计算扣除应税葡萄酒已纳消费税税款。

(三) 征收管理。

纳税人应建立《葡萄酒消费税抵扣税款台账》，作为申报扣除外购、进口应税葡萄酒已纳消费税税款的备查资料。纳税人依照规定的式样设置台账，也可根据需要增设台账内容，但对参考式样的内容不得删减。

三、葡萄酒生产的单位或个人之间销售葡萄酒发票开具问题。

葡萄酒生产企业之间销售葡萄酒，开具增值税专用发票时，须将应税葡萄酒销售行为单独开具增值税专用发票。

［国家税务总局关于修订《葡萄酒消费税管理办法(试行)》的公告，国家税务总局公告2015年第15号，发文日期：2015-02-28］

第 10 章

消费税的会计处理

消费税纳税义务人应在“应交税费”账户下设置“应交消费税”明细科目，核算消费税纳税义务的形成、抵扣和缴纳情况。该明细科目采用三栏式账页格式，贷方核算企业按规定应缴纳的消费税，借方核算企业实际缴纳和抵扣的消费税；期末，贷方余额表示尚未缴纳的消费税，借方余额表示企业多缴或待抵扣的消费税。

另外，以外购或委托加工应税消费品连续生产应税消费品的纳税义务人还应当设置“税款抵扣台账”，以正确核算购进已税消费品的抵扣消费税税额。

10.1 正常销售应税消费品的账务处理

企业销售自产的应税消费品时，除了确认收入、结转成本外，还应当计提消费税，缴纳消费税，企业应将按规定计算的应交消费税税额，借记“税金及附加”科目，贷记“应交税费——应交消费税”科目。退税时做相反的会计处理。

〔例题 10-1〕 天马汽车生产企业（增值税一般纳税人）2018 年 7 月销售1.8L排量的小轿车 15 辆，出厂价不含税价每辆 150 000 元，价外收取优质费用每辆 11 000 元（不含增值税），销售款以银行存款收讫。小汽车每部成本为 120 000 元；适用的消费税税率为 5%。有关计算如下：

应纳消费税税额＝(150 000＋11 000)×15× 5%＝120 750(元)

应纳增值税销项税额＝(150 000＋11 000)×15×16%＝386 400 (元)

会计分录如下：

(1) 确认收入：

借：银行存款　　2 801 400

　贷：主营业务收入　　2 415 000

　　应交税费——应交增值税(销项税额)　　386 400

(2) 结转成本：

借：主营业务成本　　1 800 000

　贷：库存商品　　1 800 000

(3) 计提消费税：

借：税金及附加　　120 750

　贷：应交税费——应交消费税　　120 750

10.1.1　随同应税消费品销售的包装物应交消费税的会计处理

应税消费品连同包装物一并出售的，无论包装物是否单独计价核算，原则上均应并入应税消费品的销售额中缴纳增值税、消费税。但是采用从量定额方式征收消费税的应税消费品，包装物销售额只计算缴纳增值税，不计算缴纳消费税。

1. 随同产品销售且不单独计价包装物。

因为包装物收入已包含在应税消费品销售收入中，包装物应纳增值税和消费税与应税消费品销售一并进行会计处理，不需要再单独进行会计处理。

2. 随同产品销售而单独计价包装物。

企业在确认应税消费品收入和成本、消费税的同时，还应确认单独计价包装物的收入、成本和税金，其收入记入“其他业务收入”科目，其成本和应纳消费税记入“其他业务支出”科目。

〔例题 10-2〕 2018 年 7 月，天马酒厂（增值税一般纳税人）销售自产的粮食白酒 500 斤，每斤售价 40 元（不含增值税），成本 30 元；包装物单独计价，收取包装费 700 元（不含增值税），包装物成本 500 元。增值税税率为 16%，消费税税率为 20%。全部款项已经收存银行。出售粮食白酒和包装物应纳的增值税、消费税计算如下：

出售白酒应纳增值税销项税额＝500×40×16%＝3 200（元）

出售白酒应纳消费税＝500×0.5＋500×40×20%＝4 250（元）

包装物应纳增值税销项税额＝700×16%＝112（元）

包装物应纳消费税＝700×20%＝140（元）

会计分录如下：

（1）确认白酒销售收入：

借：银行存款　　23 200

　贷：主营业务收入　　20 000

　　　应交税费——应交增值税（销项税额）　　3 200

（2）结转白酒成本：

借：主营业务成本 15 000

　贷：库存商品 15 000

（3）计提白酒应纳消费税：

借：税金及附加 4 250

　贷：应交税费——应交消费税 4 250

（4）确认包装物的销售收入：

借：银行存款 812

　贷：其他业务收入 700

　　应交税费——应交增值税(销项税额) 112

（5）结转包装物成本：

借：其他业务成本 500

　贷：周转材料——包装物 500

（6）计提包装物应纳消费税：

方法一：

借：其他业务支出 140

　贷：应交税费——应交消费税 140

方法二：

借：税金及附加 140

　贷：应交税费——应交消费税 140

结转白酒成本及结转包装物成本略。

10.1.2 出租、出借包装物应交消费税的会计处理

出租包装物收取的租金，属于价外费用，既要计算缴纳增值税，也

要计算缴纳消费税。对于出租、出借包装物收取的押金(酒类产品除外),收取时不征收增值税和消费税,但因逾期未收回包装物而没收的押金,则应计算缴纳增值税和消费税。没收押金时,借记“其他应付款”科目,贷记“应交税费——应交增值税(销项税额)”和“应交税费——应交消费税”科目,按扣除应缴税金后的余额,贷记“其他业务收入”科目。

[例题 10-3] 2018 年 7 月,天马化妆品厂(增值税一般纳税人)销售高档化妆品一批,包装物出租给购买方使用,合同约定的返还期限为半年。天马化妆品厂向购买方收取包装物租金 232 元(含增值税),押金1 500 元,全部存入银行。6 个月后,包装物逾期未归还,天马化妆品厂没收购买方的押金。已知化妆品增值税税率为 16%,化妆品的消费税税率为 15%。

(1) 收取包装物租金时:

应纳增值税销项税额=232÷(1+16%)×16%=32(元)

应纳消费税税额=232 ÷(1+16%)×15%=30(元)

(2) 没收包装物押金时:

应纳增值税销项税额=1 500÷(1+16%)×16%=206.90(元)

应纳消费税税额=1 500 ÷(1+16%)×15%=193.97(元)

(3) 收取包装物租金时会计处理:

借:银行存款	232
贷:其他业务收入	200
应交税费——应交增值税(销项税额)	32

(4) 收取包装物押金时会计处理:

借：银行存款　　1 500
　贷：其他应付款　　1 500

(5) 没收包装物押金时会计处理：

方法一：

借：其他应付款　　1 500.00
　贷：应交税费——应交增值税(销项税额)　　206.90
　　应交税费——应交消费税　　193.97
　　其他业务收入　　1 099.13

方法二：

借：其他应付款　　1 500.00
　贷：应交税费——应交增值税(销项税额)　　206.90
　　其他业务收入　　1 293.10

借：其他业务成本　　193.97
　贷：应交税费——应交消费税　　193.97

10.2　将自产的应税消费品用于抵偿债务或投资入股的会计处理

《国家税务总局关于印发〈消费税若干具体问题的规定〉的通知》(国税发〔1993〕156号)规定，纳税人用于换取生产资料和消费资料，投资入股和抵偿债务等方面的应税消费品，应当以纳税人同类应税消费品的最高销售价格作为计税依据计算消费税。

10.2.1 将自产的应税消费品作为投资的会计处理

企业以生产的应税消费品作为投资，应视同销售缴纳增值税，同时还应缴纳消费税。会计上，将自产的产品用于投资，满足收入确认的条件，企业应确认收入、结转成本、计提消费税。企业在投资时，应按投资各方约定的价值，借记"长期股权投资"科目，按该应税消费品的公允价值，贷记"主营业务收入"科目，按公允价值计算确定的增值税销项税额，贷记"应交税费——应交增值税（销项税额）"科目；按投出消费品的账面价值，借记"主营业务成本""存货跌价准备"科目，按投出消费品的成本，贷记"库存商品"或"自制半成品"等科目；计提消费税时，按投出应税消费品最高售价计算应交的消费税，借记"税金及附加"科目，贷记"应交税费——应交消费税"科目。

〔例题 10-4〕 2018 年 7 月，天马汽车生产企业（增值税一般纳税人）以其生产的 20 辆排气量为 1.8L 的小汽车向出租汽车公司投资。双方协议约定，按每辆小汽车按含增值税售价 174 000 元作价投资，每辆车的实际成本为 100 000 元。小汽车的增值税税率为 16%，消费税税率为 5%。有关税金计算及会计处理如下：

对外投资总额＝20×174 000＝3 480 000（元）

增值税销项税额＝174 000×20÷（1＋16%）×16%＝480 000（元）

消费税税额＝174 000×20÷（1＋16%）×5%＝150 000（元）

（1）确认收入时：

借：长期股权投资 3 480 000

贷：主营业务收入 3 000 000

应交税费——应交增值税(销项税额) 480 000

(2) 结转成本时：

借：主营业务成本 2 000 000

贷：库存商品 2 000 000

(3) 计提消费税时：

借：税金及附加 150 000

贷：应交税费——应交消费税 150 000

10.2.2 将自产的应税消费品抵偿债务的会计处理

企业以自产的应税消费品抵偿债务、支付代购手续费等，属于增值税和消费税政策上的销售行为，应该缴纳增值税和消费税。会计上，将自产的产品抵偿债务，符合收入确认的条件，应确认收入、结转成本、计提消费税。以自产的应税消费品抵偿债务时，借记“应付账款”科目；按抵债应税消费品的公允价值，贷记“主营业务收入”科目；按增值税销项税额(若有不同售价，计算增值税时按平均售价)，贷记“应交税费——应交增值税(销项税额)”，并结转销售成本。计提消费税时，按售价计算应缴消费税(若有不同售价，计算消费税时按最高售价)，借记“税金及附加”，贷记“应交税费——应交消费税”。

[例题10-5] 天马白酒厂2018年7月用粮食白酒10吨，抵偿胜利农场大米款60 000元。同类粮食白酒本月售价在4 800元/吨至5 200

元/吨(不含增值税)之间浮动,平均销售价格为5 000元/吨,每吨粮食白酒的成本为2 000元。

抵债产生的纳税义务:

应纳增值税销项税额=5 000×10×16%=8 000(元)

应纳消费税税额=10×2 000×0.5+5 200×10×20%

=10 000+10 400=20 400(元)

借:应付账款——胜利农场	60 000	
贷:主营业务收入		50 000
应交税费——应交增值税(销项税额)		8 000
营业外收入——债务重组利得		2 000
借:税金及附加	20 400	
贷:应交税费——应交消费税		20 400
借:主营业务成本	20 000	
贷:库存商品		20 000

10.2.3 将自产的应税消费品换取生产资料、消费资料的会计处理

企业以自产的应税消费品换取生产资料、消费资料属于增值税和消费税政策上的销售行为,应该缴纳增值税和消费税。会计上,将自产的产品换取生产资料、消费资料属于非货币性资产交换,按照公允价值模式或账面价值模式进行会计处理:当交换具有商业实质,并且换出资产或换入资产公允价值能够可靠计量时,应采用公允价值模式进行会计处理;当交换不具有商业实质,或者换出资产和换入资产公允价值均

不能可靠计量时，应采用账面价值模式进行会计处理。在公允价值模式下，换出的应税消费品按销售处理，换入的非货币资产按照换出资产公允价值入账；在账面价值模式下，换出的应税消费品不按销售处理，换入的非货币性资产按照换出资产原账面价值入账。

以应税消费品换取生产资料和消费资料的，若有不同售价，计算增值税时按平均售价，计算消费税时按最高售价作为计税依据。

〔例题 10-6〕 2018 年 7 月，天马白酒厂用自产的粮食白酒 10 吨，换取胜利农场大米款 60 吨作为原材料。粮食白酒当月售价在 4 800 元/吨至5 200 元/吨之间浮动，平均售价为 5 000 元/吨，每吨粮食白酒的成本为 2 000 元。

(1) 换出白酒应纳增值税销项税额＝5 000×10×16%＝8 000(元)

换出白酒应纳消费税税额＝10×2 000×0.5＋5 200×10×20%＝10 000＋10 400＝20 400(元)

(2) 如果该项交换具有商业实质，公允价值模式下会计处理为：

① 确认白酒收入：

借：原材料——大米　　58 000

　贷：主营业务收入　　50 000

　　　应交税费——应交增值税(销项税额)　　8 000

② 结转白酒成本：

借：主营业务成本　　20 000

　贷：库存商品　　20 000

③ 计提白酒应纳消费税：

借：税金及附加　　20 400

　贷：应交税费——应交消费税　　20 400

(3) 如果该项交换不具有商业实质，账面价值模式下会计处理为：

借：原材料——大米　　48 400

　贷：库存商品　　20 000

　　应交税费——应交增值税(销项税额)　　8 000

　　应交税费——应交消费税　　20 400

10.3 应税消费品自产自用(视同销售)的会计处理

《消费税暂行条例》及其实施细则明确，纳税人将自产自用应税消费品用于生产非应税消费品、在建工程、管理部门、非生产机构、提供劳务、馈赠、赞助、集资、广告、样品、职工福利、奖励等方面，于移送使用时纳税。

10.3.1 将自产应税消费品用于馈赠、赞助的会计处理

企业以自产应税消费品用于馈赠、赞助，属于增值税的视同销售行为，应该缴纳增值税；同时属于消费税的自产自用应税消费品用于其他方面，应该缴纳消费税。会计上，应按照自用应税消费品的成本与计算的增值税和消费税税额之和，借记“营业外支出”科目，按转移的应税消费品的成本，贷记“产成品”或“自制半成品”等科目，同时按自用产品

的销售价格或组成计税价格计算应缴纳增值税和消费税税额，贷记“应交税费——应交增值税（销项税额）”和“应交税费——应交消费税”科目。

〔例题 10-7〕 2018 年 7 月，天马汽车制造厂（增值税一般纳税人）将自产的 1.8L 的一辆小汽车捐赠给老年服务中心。同类汽车不含税销售价格为 180 000 元，该汽车成本为 110 000 元，增值税税率为 16%，消费税税率为 5%。天马汽车制造厂会计处理如下：

应缴纳增值税销项税额＝180 000×16%＝28 800（元）

应缴纳消费税＝180 000×5%＝9 000（元）

借：营业外支出	147 800	
贷：库存商品		110 000
应交税费——应交增值税（销项税额）		28 800
应交税费——应交消费税		9 000

10.3.2 将自产应税消费品用于广告、样品的会计处理

企业将自产应税消费品用于广告、样品，属于增值税和消费税征税范围，应该缴纳增值税和消费税。会计上应按照自用应税消费品的成本与计算的增值税和消费税之和，记入“营业费用”科目。

〔例题 10-8〕 2018 年 7 月，天马啤酒厂（增值税一般纳税人）将自己生产的啤酒 10 吨用于广告宣传，让客户及顾客免费品尝。该啤酒每吨成本为 2 000 元，每吨啤酒平均出厂价为 2 800 元。天马啤酒厂当月会计处理如下：

应缴纳增值税销项税额＝10×2 800×16％＝4 480(元)

应缴纳消费税税额＝10×220＝2 200(元)

借：营业费用(20 000＋4 480＋2 200)　　26 680

　贷：库存商品(10×2 000)　　20 000

　　应交税费——应交增值税(销项税额)　　4 480

　　应交税费——应交消费税　　2 200

10.3.3　将自产应税消费品用于职工福利的会计处理

企业以自产应税消费品用于职工福利，属于增值税的视同销售行为，应该缴纳增值税；同时属于消费税的自产自用应税消费品用于其他方面，应该缴纳消费税；计算增值税和消费税的计税依据均为同类应税消费品的销售价格。会计上，将自产的产品用于职工福利，满足收入确认的条件，应确认收入、结转成本、计提消费税。应税消费品移送用于福利时，按其含税销售价格，借记“应付职工薪酬”科目，贷记“主营业务收入”“应交税费——应交增值税(销项税额)”科目；按转移的应税消费品的成本，借记“主营业务成本”科目，贷记“产成品”“自制半成品”等科目；按自用产品的销售价格或组成计税价格计算应缴消费税，借记“税金及附加”，贷记“应交税费——应交消费税”科目。

〔例题 10-9〕　2018 年 7 月，天马啤酒厂(增值税一般纳税人)将自己生产的啤酒 30 吨作为福利发给职工，假设 20 吨发给一线生产工人，10 吨发给管理人员。该啤酒每吨成本为 2 000 元，每吨啤酒平均出厂价为 2 800 元。天马啤酒厂会计处理如下：

应纳增值税销项税额＝30×2 800×16%＝13 440(元)

应纳消费税＝30×220＝6 600(元)

借：生产成本(20×2 800×1.16)　　64 960
　　管理费用(10×2 800×1.16)　　32 480
　贷：应付职工薪酬　　97 440

借：应付职工薪酬　　97 440
　贷：主营业务收入(30×2 800)　　84 000
　　　应交税费——应交增值税(销项税额)(84 000×16%)　　13 440

借：税金及附加　　6 600
　贷：应交税费——应交消费税　　6 600

10.3.4 将自产应税消费品用于在建工程的会计处理

企业将自产应税消费品用于在建工程，自 2016 年全行业营改增以后，不再缴纳增值税，但需要缴纳消费税，企业应按照同类应税消费品销售价格为依据计算应纳消费税税额。企业将应税消费品移送于在建工程时，按其账面成本与计算的消费税之和，借记“在建工程”科目，贷记“库存商品”“产成品”“自制半成品”等科目；按自用产品的销售价格或组成计税价格计算的应纳消费税税额，贷记“应交税费——应交消费税”科目。

〔例题 10-10〕 2018 年 7 月，天马涂料厂(增值税一般纳税人)将自产的 1 000 桶涂料用于厂房在建工程。同类涂料不含税销售价格为 180 元/桶，该涂料成本为 110 元/桶，增值税税率为 16%，消费税税率为 4%。

天马涂料厂将自产的涂料用于不动产在建工程不需要缴纳增值税。

自产涂料用于在建工程应缴纳消费税＝180×1 000×4%＝7 200(元)

借：在建工程——厂房	117 200
贷：库存商品	110 000
应交税费——应交消费税	7 200

10.4 委托加工应税消费品的会计处理

一、委托加工应税消费品成本的构成。

企业应设置"委托加工物资"科目归集委托外单位加工应税消费品的成本，归集的成本包括：

1. 实际耗用的原材料或者半成品成本。

2. 加工费。

3. 运杂费。

4. 委托加工环节缴纳的消费税分两种情况：如果该消费税税额可以抵扣(如将收回的应税消费品用于连续生产应税消费品和将收回的应税消费品加价出售)，记入"应交税费——应交消费税"科目借方(建议企业设置"待扣税金"科目核算)，不计入委托加工应税消费品成本；如果该消费税不可以抵扣，则该消费税税额也归集计入委托加工应税消费品成本。

二、委托加工应税消费品消费税的处理。

企业委托加工的应税消费品，委托方收回后以不高于受托方的计税价格出售的，为直接出售，不再缴纳消费税；委托方收回后以高于受托方的计税价格出售的，不属于直接出售，需按照规定申报缴纳消费税，但在计税时准予扣除委托加工环节已代收代缴的消费税。委托加工的应税消费品收回后用于连续生产应税消费品，委托加工环节已代收代缴的消费税可以按规定抵扣。准予抵扣的消费税税额，不记入存货成本，而是记入“应交税费——应交消费税”科目的借方（建议企业设置“待扣税金”科目核算），用以抵减应税消费品销售时应缴纳的消费税。总之，委托加工环节已缴纳的消费税有下列两种情形可以抵扣：

1. 委托加工的应税消费品收回后，以高于受托方的计税价格出售的，销售时需要缴纳消费税，委托加工已代收代缴的消费税可以抵扣。

2. 委托加工的应税消费品收回后用于连续生产应税消费品，最终应税消费品销售时需要缴纳消费税，委托加工已代收代缴的消费税可以抵扣。

10.4.1 委托方的会计处理

一、收回后按照受托方同类应税消费品销售价格直接销售。

委托加工的应税消费品收回后用于直接销售的，销售时不再缴纳消费税，委托加工环节已代收代缴的消费税也不得抵扣。因此，委托方应将受托方代收代缴的消费税随同支付的加工费一并计入委托加工应税消费品的成本，借记“委托加工物资”，贷记“应付账款”或“银行存款”。

〔例题 10-11〕 2018年7月，天马卷烟厂委托A厂加工烟丝1吨，天马卷烟厂和A厂均为增值税一般纳税人。天马卷烟厂提供烟叶的账面价值55 000元，A厂收取加工费20 000元，增值税3 200元，天马卷烟厂取得增值税专用发票，并在当月认证。A厂同类烟丝销售价格为110 000元/吨，A厂按照同类烟丝的销售价格代收代缴天马卷烟厂的消费税。有关款项已经通过银行存款收付，天马卷烟厂收回烟丝后将其按照110 000元/吨价格直接销售，款项以银行存款收讫。天马卷烟厂会计处理如下：

(1) 发出材料时：

借：委托加工物资	55 000	
贷：原材料		55 000

(2) 支付加工费时：

借：委托加工物资	20 000	
应交税费——应交增值税(进项税额)	3 200	
贷：银行存款		23 200

(3) 支付代收代缴消费税时：

代收代缴消费税＝110 000×30％＝33 000(元)

借：委托加工物资	33 000	
贷：银行存款		33 000

(4) 加工的烟丝入库时：

借：库存商品　　108 000
　贷：委托加工物资　　108 000

(5) 烟丝销售时，不再缴纳消费税：

借：银行存款　　127 600
　贷：主营业务收入　　110 000
　　应交税费——应交增值税(销项税额)　　17 600

借：主营业务成本　　108 000
　贷：库存商品　　108 000

二、收回后加价销售。

委托加工的应税消费品收回后加价销售的，销售时应当再次缴纳消费税，但委托加工环节已代收代缴的消费税可以抵扣。因此，委托方应将受托方代收代缴的消费税记入“应交税费——应交消费税”借方。

〔例题 10-12〕 2018 年 7 月，天马卷烟厂委托 A 厂加工烟丝 1 吨，天马卷烟厂和 A 厂均为增值税一般纳税人。天马卷烟厂提供烟叶的账面价值55 000 元，A 厂收取加工费 20 000 元，增值税 3 200 元，天马卷烟厂取得增值税专用发票，并在当月认证。A 厂同类烟丝销售价格为110 000 元/吨，A 厂按照同类烟丝的销售价格代收代缴天马卷烟厂的消费税。有关款项已经通过银行存款收付，卷烟厂收回烟丝后将其按照 120 000 元/吨价格销售，款项以银行存款收讫。天马卷烟厂会计处理如下：

(1) 发出材料时：

借：委托加工物资　　55 000

　贷：原材料　　55 000

(2) 支付加工费时：

借：委托加工物资　　20 000

　　应交税费——应交增值税(进项税额)　　3 200

　贷：银行存款　　23 200

(3) 支付代收代缴消费税时：

代收代缴消费税＝110 000×30%＝33 000(元)

借：应交税费——应交消费税　　33 000

　贷：银行存款　　33 000

(4) 加工的烟丝入库时：

借：库存商品　　75 000

　贷：委托加工物资　　75 000

(5) 烟丝销售时，需要再次缴纳消费税：

再次销售烟丝时应纳消费税＝120 000×30%＝36 000(元)

借：银行存款　　139 200

　贷：主营业务收入　　120 000

　　　应交税费——应交增值税(销项税额)　　19 200

借：主营业务成本　　75 000

　贷：库存商品　　75 000

借：税金及附加　　36 000

　贷：应交税费——应交消费税　　36 000

“应交税费——应交消费税”科目借贷相抵后，天马卷烟厂销售烟丝应纳消费税 3 000 元(36 000−33 000)。

三、收回后用于连续生产应税消费品。

委托方将收回的应税消费品用于连续生产应税消费品时，委托加工环节已代收代缴消费税款可以抵扣，抵扣时限为委托加工的应税消费品生产领用时。企业为了能够清晰地反映委托加工已纳消费税税款的抵扣时限，可设“待扣税金”科目，反映其形成和抵扣过程。委托方被受托方代收消费税时，记入“待扣税金——待扣消费税”科目借方，委托加工收回的应税消费品生产领用时，将按规定计算的当期可以抵扣的消费税从“待扣税金——待扣消费税”科目转到“应交税费——应交消费税”科目借方，从当期应纳消费税中抵扣。

[例题 10-13]　2018 年 7 月，天马卷烟厂委托 A 厂加工烟丝 1 吨，天马卷烟厂和 A 厂均为增值税一般纳税人。天马卷烟厂提供烟叶的账面价值55 000 元，A 厂收取加工费 20 000 元，增值税 3 200 元。天马卷烟厂取得增值税专用发票，并在当月认证。A 厂没有同类烟丝销售价格，A 厂按照组成价格代收代缴天马卷烟厂的消费税。有关款项已经通过银行存款收付，天马卷烟厂收回烟丝后将其加工成卷烟对外销售。假设当月销售卷烟 3 大箱(每大箱 250 标准条)，每标准条不含增值税的调拨价为 60 元，款项以银行存款收讫。期初库存委托加工应税烟丝已纳消

费税2 580元，期末库存委托加工应税烟丝已纳税额19 880元。天马卷烟厂的会计处理如下：

（1）发出材料时：

借：委托加工物资　　55 000

　贷：原材料　　55 000

（2）支付加工费时：

借：委托加工物资　　20 000

　　应交税费——应交增值税（进项税额）　　3 200

　贷：银行存款　　23 200

（3）支付代收代缴消费税时：

代收代缴消费税＝（55 000＋20 000）÷（1－30%）×30%＝32 142.86（元）

借：待扣税金——待扣消费税　　32 142.86

　贷：银行存款　　32 142.86

（4）加工的烟丝入库时：

借：原材料——烟丝　　75 000

　贷：委托加工物资　　75 000

（5）销售卷烟，取得收入时：

借：银行存款　　52 200

　贷：主营业务收入（250×60×3）　　45 000

应交税费——应交增值税(销项税额)　　7 200

结转成本会计分录略,计提应纳消费税时:

应纳消费税=150×3+45 000×36%=16 650(元)

借:税金及附加　　16 650

贷:应交税费——应交消费税　　16 650

(6) 计算当月实际抵扣消费税税额和实际缴纳消费税税额:

当月准予抵扣的消费税税额=2 580+32 142.86-19 880=14 842.86(元)

借:应交税费——应交消费税　　14 842.86

贷:待扣税金——待扣消费税　　14 842.86

当月实际应缴消费税=16 650-14 842.86=1 807.14(元)

(7) 实际交纳时:

借:应交税费——应交消费税　　1 807.14

贷:银行存款　　1 807.14

10.4.2　受托方的会计处理

委托加工应税消费品,受托方为单位时,应该代收代缴消费税。受托方按本单位同类消费品的销售价格计算应代收代缴消费税税款,若没有同类消费品销售价格的,按照组成计税价格计算消费税税额。

[例题 10-14]　2018 年 7 月,天马卷烟厂委托 A 厂加工烟丝 1 吨,天马卷烟厂和 A 厂均为增值税一般纳税人。天马卷烟厂提供烟叶的账面价

值55 000元,A厂收取加工费20 000元,增值税3 200元。A厂没有同类烟丝销售价格,A厂按照组成计税价格代收代缴天马卷烟厂的消费税。有关款项已经通过银行存款收付。A厂的会计处理如下:

(1) 收取加工费时:

借:银行存款	23 200	
贷:主营业务收入		20 000
应交税费——应交增值税(销项税额)		3 200

(2) 代收消费税的计算:

A厂没有同类应税消费品的销售,按组成计税价格计算代收代缴的消费税,税率为30%,则:

组成计税价格=(55 000+20 000)÷(1-30%)=107 142.86(元)

应纳消费税税款=107 142.86×30%=32 142.86(元)

借:银行存款	32 142.86	
贷:应交税费——应交消费税		32 142.86

(3) 上缴代扣消费税时:

借:应交税费——应交消费税	32 142.86	
贷:银行存款		32 142.86

10.5 进口应税消费品的会计处理

进口应税消费品直接销售的,企业缴纳的进口消费税应计入应税消费品成本中，将进口价款、关税、消费税及相关费用，借记“固定资产”“材料采购”“在途物资”等科目；进口应税消费品用于连续生产应税消费品的，企业缴纳的进口消费税可以抵扣，进口消费税记入“应交税费——应交消费税”科目借方（建议企业设置“待抵扣税金”科目核算），不计入企业成本。

[例题10-15] 2018年7月，天马外贸企业（增值税一般纳税人）从国外购进高档化妆品一批，到岸价为40 000美元，关税税率为20%，消费税税率为15%，增值税税率为16%，假定使用的折算汇率为1∶7.30。进口货款已经通过信用证方式支付给外商。

组成计税价格＝(40 000＋40 000×20%)÷(1－15%)×7.3

＝412 235.29(元)

缴纳关税＝40 000×20%×7.3＝58 400.00(元)

应纳消费税＝412 235.29×15%＝61 835.29(元)

应纳增值税＝412 235.29×16%＝65 957.65(元)

(1) 报关进口并缴纳税金时：

借：应交税费——应交关税　58 400.00

——应交消费税　61 835.29

——待认证进项税额　65 957.65

贷：银行存款　186 192.94

(2) 进口物资入库时：

进口化妆品成本＝购买价款＋关税＋消费税＝40 000×7.3＋

58 400＋61 835.29＝412 235.29(元)

借：库存商品　　412 235.29

　贷：应交税费——应交关税　　58 400.00

　　　　　　——应交消费税　　61 835.29

　　其他货币资金——信用证存款(40 000×7.3)　　292 000.00

〔例题 10-16〕 2018 年 7 月，天马外贸企业(增值税一般纳税人)从国外购进高档化妆品一批，作为原料连续加工成高档化妆品后销售。进口高档化妆品到岸价为 40 000 美元，关税税率为 20%，消费税税率为 15%，增值税税率为 16%，假定使用的折算汇率为 1∶7.30。进口货款已经通过信用证方式支付给外商。

组成计税价格＝(40 000＋40 000×20%)÷(1－15%)×7.3

＝412 235.29(元)

缴纳关税＝40 000×20%×7.3＝58 400.00(元)

应纳消费税＝412 235.29×15%＝61 835.29(元)

应纳增值税＝412 235.29×16%＝65 957.65(元)

(1) 报关进口并缴纳税金时：

借：应交税费——应交关税　　58 400.00

　　　　　——待认证进项税额　　65 957.65

　待扣税金——待扣消费税　　61 835.29

　贷：银行存款　　186 192.94

(2) 进口化妆品入库时：

进口环节缴纳的进口增值税可以作为增值税进项税额抵扣，不计入存货成本；进口环节缴纳的进口消费税可以抵扣，也不计入存货成本。

进口化妆品成本＝购买价款＋关税＝40 000×7.3＋58 400
＝350 400(元)

借：库存商品　　350 400
　贷：应交税费——应交关税　　58 400
　　其他货币资金——信用证存款(40 000×7.3)　　292 000

10.6　购买应税消费品用于连续生产应税消费品并销售的会计处理

企业将外购的应税消费品用于连续生产应税消费品时，外购应税消费品已纳的消费税税款可以抵扣，抵扣时限为外购的应税消费品生产领用时。企业为了能够清晰地反映外购应税消费品已纳消费税税款的抵扣过程，可设"待扣税金"账户，反映其形成和抵扣过程。企业购进应税消费品时，将可以抵扣的消费税分离出来，记入"待扣税金——待扣消费税"科目借方，购买价款及相关税费扣除可以抵扣的消费税，余额记入存货成本。外购应税消费品生产领用时，将按规定计算的当期可以抵扣的消费税从"待扣税金——待扣消费税"科目转到"应交税费——应交消费税"科目借方，从当期应纳消费税中抵扣。

[例题 10-17]　2018 年 7 月，天马卷烟厂(增值税一般纳税人)外购烟丝

1吨,用于连续生产卷烟。烟丝购买价款为100 000元,增值税为16 000元,天马卷烟厂取得增值税专用发票,并在当月认证。款项已经通过银行存款收讫。假设当月销售卷烟3大箱(每大箱250标准条),每标准条不含增值税的调拨价为60元,款项以银行存款收讫。期初库存外购烟丝买价8 600元,期末库存外购烟丝买价为66 200元。天马卷烟厂的会计处理如下:

(1) 购进烟丝时:

借:原材料　　100 000

　应交税费——应交增值税(进项税额)　　16 000

　贷:银行存款　　116 000

(2) 销售卷烟,取得收入时:

借:银行存款　　52 200

　贷:主营业务收入(250×60×3)　　45 000

　　应交税费——应交增值税(销项税额)　　7 200

结转成本会计分录略,计提应纳消费税时:

应纳消费税=150×3+45 000×36%=16 650(元)

借:税金及附加　　16 650

　贷:应交税费——应交消费税　　16 650

(3)在结转当月完工产品之前,计算当月实际抵扣消费税税额:

当月准予抵扣外购烟丝买价=8 600+100 000−66 200=42 400(元)

当月可抵扣外购烟丝已纳消费税税额=42 400×30%=12 720(元)

借：应交税费——应交消费税　　12 720

　贷：生产成本　　12 720

(4) 实际缴纳时：

当月实际应纳消费税＝16 650－12 720＝3 930(元)

借：应交税费——应交消费税　　3 930

　贷：银行存款　　3 930

10.7 缴纳消费税及退税的会计处理

企业按期缴纳消费税时，借记“应交税费——应交消费税”科目，贷记“银行存款”科目。企业缴纳消费税后，发生销货退回或销售折让而收到税务机关的退税时，借记“银行存款”科目，贷记“应交税费——应交消费税”科目。

附录1　重点难点即时练答案

重点难点即时练1答案：

1. AC　2. BD　3. CD　4. AD　5. C　6. B　7. A　8. C　9. BD　10. AB

重点难点即时练2答案：

1. ABCD　2. A　3. BC　4. ABC　5. ABCD　6. BD　7. AD

重点难点即时练3答案：

1. CD　2. B　3. BC　4. BCD　5. BCD　6. ABD

重点难点即时练4答案：

1. D　2. AB　3. BCD　4. ACD　5. A　6. C　7. A　8. AC

重点难点即时练5答案：

1. BCD　2. ACD　3. √

重点难点即时练6答案：

1. A 2. ABCD 3. B 4. CD 5. AC 6. ACD 7. ACD 8. D

重点难点即时练7答案：

1. 解析：A型手表每只销售价格不超过10 000元，不征收消费税。B型手表属于高档手表，应当征收消费税。6只B型手表用于抵偿债务，应按同类应税消费的最高售价作为计税依据计征消费税，但应按同类货物平均销售价格作为计税依据计征增值税。

(1) B型手表当月平均销售价格＝(80×15 000＋8×18 000÷1.16)÷(80＋8)＝15 047.02(元)

(2) 增值税销项税额＝500×8 000×16%＋(80×15 000＋80×20÷1.16＋2 000÷1.16)×16%＋8×18 000÷1.16×16%＋6×15 047.02×16%＝866 803.76(元)

(3) 应纳消费税税额＝(80×15 000＋80×20÷1.16＋2 000÷1.16)×20%＋8×18 000÷1.16×20%＋6×18 000÷1.16×20%＝284 068.97(元)

答：天马手表厂2018年7月应纳增值税销项税额为866 803.76元，应纳消费税税额为284 068.97元。

2. 解析：(1) 进口环节应纳的增值税＝(关税完税价格＋关税)÷(1—消费税税率)×增值税税率＝(120×80 000＋120×80 000×

25%)÷(1—5%)×16%=2 021 052.63(元)

(2) 进口环节应纳的消费税=(关税完税价格+关税)÷(1—消费税税率)×消费税税率=(120×80 000+120×80 000×25%)÷(1—5%)×5%=631 578.95(元)

(3) 内销小汽车在销售环节应纳增值税=9 200 000×16%—进口环节应纳的增值税=1 472 000-2 021 052.63=-549 052.63(元)

(4) 内销环节小汽车销售价格=9 200 000÷70=131 428.57(元)

内销的小汽车不属于超豪华小汽车,不缴纳消费税。

答:该公司进口环节应纳进口增值税 2 021 052.63 元,进口消费税 631 578.95 元;在内销环节增值税进项留抵 549 052.63 元,内销环节不缴纳消费税。

3. 解析:天马化妆品生产企业销售自产新型号化妆品价格明显偏低并无正当理由,应当按照税务机关核定的销售额作为计税依据,税务机关核定销售额时,首先选择同类应税消费品的平均销售价格,其次再按照组成计税价格计算纳税。该企业无同类应税消费品平均销售价格资料,因此应按照组成计税价格计算纳税。

组成计税价格=200×500×(1+5%)÷(1-15%)=123 529.41(元)

应纳增值税销项税额=123 529.41×16%=19 764.71(元)

应纳消费税税额=123 529.41×15%=18 529.41(元)

答:天马化妆品生产企业应纳增值税销项税额为 19 764.71 元,应纳消费税税额为 18 529.41 元。

4. 解析:委托加工应税消费品,受托方代收代缴消费税时,如果受托方有同类应税消费品销售价格的,则按照受托方同类应税消费品的销售价格计税,否则应按组成计税价格计税。

天马化妆品厂应代收代缴消费税税额=[10×11 600÷(1+16%)+(40 000+10 000)÷(1−15%)]×15%=23 823.53(元)

答:天马化妆品厂应代收代缴的消费税为=23 823.53元。

5. 解析:(1) 消费税:进口摩托车应纳消费税税额=200×(20 000+10 000)÷(1−10%)×10%=666 666.67(元)

加工厂应代收代缴的消费税税额=[(20 000+10 000+666 666.67÷200)×50+150 000]÷(1−10%)×10%=201 851.85(元)

(2) 增值税:进口环节应纳增值税=200×(20 000+10 000)÷(1−10%)×16%=1 066 666.67(元)

国内销售摩托车应纳销项税额=(4 500 000+3 000 000+3 500 000)÷(1+16%)×16%=1 517 241.38 (元)

国内销售摩托车可以抵扣的进项税额=1 066 666.67+150 000×16%=1 090 666.67 (元)

国内销售应纳增值税税额=1 517 241.38−1 090 666.67 =426 574.71(元)

答:该外贸企业当月应纳进口消费税税额为666 666.67元,加工厂应代收代缴消费税税额为201 851.85元,该外贸企业应纳进口增值税税额为1 066 666.67元,销售环节增值税税额为426 574.71元。

重点难点即时练 8 答案：

1. 解析：应纳消费税税额＝[(40－10)＋2＋0.5]×240＝7 800(元)

答：天马黄酒厂 7 月应纳消费税税额为 7 800 元。

2. 解析：苹果啤酒每吨售价＝(68 000＋1 000÷1.16)÷20＝3 443.10(元)。

所以，苹果啤酒适用的消费税税率为 250 元/吨。

(30 760＋2 500)÷1.16÷10＝2 867.24(元)

应纳消费税税额＝20×250＋10×220＝7 200(元)

答：天马啤酒厂 7 月应缴纳消费税税额为 7 200 元。

3. 解析：应纳消费税＝400×240＝96 000(元)

组成计税价格＝关税完税价格＋关税＋消费税＝400×3 000×(1＋15%)＋96 000＝1 476 000(元)

应纳增值税＝1 476 000×16%＝236 160(元)

答：天马外贸公司当月应纳进口消费税税额为 96 000 元，进口增值税税额为236 160元。

重点难点即时练 9 答案：

1. 解析：(1) 销售给甲、乙的白酒应纳增值税销项税额和消费税为：

销售额＝50 000＋6 000＋464÷1.16＝56 400(元)

销项税额＝56 400×16%＝9 024(元)

消费税＝56 400×20%＋(1 000＋100)×2×0.5＝11 280＋1 100＝

12 380(元)

(2) 换取旧汽车的自产粮食白酒应按同类应税消费品同期最高价格计算缴纳消费税,但应按同类货物平均销售价格计算增值税销项税额。

销项税额=(50 000+6 000)÷(1 000+100)×200×16%=1 629.09(元)

消费税=6 000÷100×200×20%+200×2×0.5=2 400+200=2 600(元)

(3) 购买酒瓶取得的增值税专用发票未在当月认证,因此当月不能抵扣。

进项税额=3 000(元)

应纳增值税=9 024+1 629.09−3 000=7 653.09(元)

应纳消费税=12 380+2 600=14 980(元)

答:天马酒厂7月应纳增值税税额为7 653.09元,应纳消费税税额为14 980元。

2. 解析:(1) 向专卖店销售白酒应缴纳消费税=(200+50+10+10)÷1.16×20%+20×2 000×0.5÷10 000=48.55(万元)

(2) 药酒采用从价定率计征办法,税率为10%。

乙企业应代收代缴消费税=(10+1)÷(1−10%)×10%=1.22(万元)

(3) 以外购或委托加工收回的酒连续生产酒的已纳消费税不得抵扣。

销售瓶装药酒应缴纳消费税=1 800×100×10%÷10 000=

1.8(万元)

(4) 天马企业将委托加工收回的散装药酒分给职工不缴纳消费税。

答:天马企业向专卖店销售白酒应缴纳消费税税额为48.55万元;乙企业应代收代缴消费税税额为1.22万元;天马企业销售瓶装药酒应缴纳消费税税额为1.8万元;天马企业分给职工散装药酒不缴纳消费税。

重点难点即时练10答案:

1. 解析:(1) 每大箱卷烟为5万支,每条卷烟为200支,所以每大箱卷烟为250条。

甲牌号卷烟每条售价=7 200×10 000÷1 800÷250=160(元)

每条卷烟的销售价格160元>70元,税率为56%。

应纳消费税税额=1 800×150÷10 000+7 200×56%=4 059(万元)

应纳增值税销项税额=7 200×16%=1 152(万元)

(2) 用于抵偿债务的卷烟应按照同类应税消费品最高售价作为计税依据,计征比例部分消费税。

甲类卷烟当月销售价格=7 200÷1 800=4(万元)

抵债卷烟应纳消费税税额=5×150÷10 000+5×4×56%=11.275(万元)

应纳增值税销项税额=5×4×16%=3.2(万元)

(3) 将自产的乙牌号卷烟用于发放职工福利,属于自产自用的应税消费品用于其他方面,应征收消费税,由于乙牌号卷烟没有同类应税消费品销售价格,比例消费税部分计税依据为组成计税价格。

乙牌号卷烟组成计税价格＝8×[4 000×(1＋10%)＋150]÷(1－56%)÷10 000＝8.273(万元)

应纳消费税＝8×150÷10 000＋8.273×56%＝4.753(万元)

应纳增值税销项税额＝8.273×16%＝1.324(万元)

(4) 委托异地卷烟厂加工丙牌号卷烟，应由异地卷烟厂代收代缴消费税。由于异地卷烟厂没有丙牌号卷烟同类应税消费品销售价格，比例消费税部分计税依据为组成计税价格。

丙牌号卷烟组成计税价格＝[42＋8＋40×150÷10 000]÷(1－56%)＝115(万元)

异地卷烟厂应代收代缴消费税＝40×150÷10 000＋115×56%＝65(万元)

(5) 当月生产耗用烟丝可以抵扣的消费税税额＝(83＋20－65)×30%＝11.4(万元)

(6) 天马卷烟厂当月向税务机关申报缴纳消费税合计＝4 059＋11.275＋4.753－11.4＝4 063.628(万元)

(7) 增值税进项税额＝1.28＋3.2＝4.48(万元)

销项税额合计＝1 152＋3.2＋1.324＝1 156.524(万元)

应纳增值税＝销项税额－进项税额＝1 156.524－4.48＝1 152.044(万元)

答:天马卷烟厂7月销售卷烟应缴纳增值税1 152.044万元，异地卷烟厂应代收代缴消费税为65万元，天马卷烟厂7月应纳消费税为4 063.628万元。

2. 解析:(1) 通过非独立核算的门市部销售白酒,应按照门市部对外销售额作为比例消费税部分的计税依据。

销售A牌粮食白酒应纳消费税＝40×2 000×0.5＋40×10 000×20%＋11.6×2 000×0.5＋11.6×12 500÷(1＋16%)×20%＝156 600(元)

(2) 用外购已税酒精生产白酒的,不得抵扣外购酒精已纳消费税税款。

销售B牌薯类白酒应纳消费税＝15×2 000×0.5＋15×5 000×20%＝30 000(元)

(3) 为商场加工粮食白酒应代收代缴消费税,天马白酒厂无同类白酒销售价格,因此应按照组成计税价格作为计税依据,计征比例消费税部分。

组成计税价格＝(70 000＋5 000＋20×2 000×0.5)÷(1－20%)＝118 750(元)

应代收代缴消费税＝20×2 000×0.5＋118 750×20%＝43 750(元)

(4) 用委托加工已税黄酒连续生产药酒,不得抵扣委托加工已代收代缴的消费税。药酒属于“其他酒”,应按10%的税率,采用从价定率计征方法计算消费税。另外,赠送他人的3吨药酒属于自产自用用于其他方面,应按同类应税消费品的销售价格计征消费税。

药酒应纳消费税＝(12＋3)×6 000×10%＝9 000(元)

(5) 天马白酒厂应纳消费税合计＝156 600＋30 000＋9 000＝

195 600(元)

答:天马白酒厂7月应纳消费税195 600元,应代收代缴消费税43 750元。

重点难点即时练11答案:

1. AD 2. BC 3. ABD 4. CD 5. ACD

重点难点即时练12答案:

1. 解析:(1) 企业购入原木生产实木地板增值税进项税额扣除率为12%,购入原木时暂按10%的扣除率抵扣进项税额,待原木生产领用时再按2%加计扣除进项税额。由于当月购入的原木当月未领用,计算进项税额的扣除率为10%。

增值税进项税额=300 000×10%+100+4 000+1 600+28 800=64 500(元)

增值税销项税额=10 000×10%×(1+10%)×16%+560 000×16%=89 776(元)

应纳增值税税额=89 776−64 500=25 276(元)

(2) 销售地板应纳消费税税额=560 000×5%=28 000(元)

可抵扣消费税税额=180 000×70%×5%=6 300(元)

应纳消费税税额=28 000−6 300=21 700(元)

答:天马地板厂7月应纳增值税为25 276元,应纳消费税为21 700元。

重点难点即时练 13 答案：

1. ACD 2. AC 3. AD 4. ABD 5. AD

重点难点即时练 14 答案：

1. AB 2. A 3. AC 4. CE 5. ABCD

重点难点即时练 15 答案：

1. A 2. D 3. BCD 4. A

5.(1) 零售金银首饰应缴纳消费税＝290 000÷(1＋16%)×5%＝12 500(元)

(2)“以旧换新”销售金项链应缴纳消费税＝2 000×300÷(1＋16%)×5%＝25 862.07(元)

(3) 加工金银首饰应缴纳消费税＝(301 600＋46 400)÷(1＋16%)÷(1－5%)×5%＝15 789.47(元)

(4) 修理首饰和零售镀金首饰均不需要缴纳消费税。

(5) 该商城 7 月应缴纳增值税＝[290 000÷(1＋16%)＋2 000×300÷(1＋16%)＋(301 600＋46 400)÷(1＋16%)÷(1－5%)＋2 320÷(1＋16%)＋34 800÷(1＋16%)]×16%－80 000＝98 404.94(元)

重点难点即时练 16 答案：

1. C 2. AB 3. ABCD 4. AC

附录 2　消费税计算方式一览表

征税方式	从量定额	从价定率	复合计征	备注
生产销售	销售数量	销售额	销售数量 销售额（实际销售价格如果低于计税价格的，按计税价格计算纳税）	
自产自用	移送使用数量	1. 按照纳税人生产的同类消费品的销售价格计算纳税； 2. 没有同类消费品销售价格的，按照组成计税价格计算纳税。组成计税价格计算公式：组成计税价格＝（成本＋利润）÷（1－消费税税率）	移送使用数量 1. 按照纳税人生产的同类消费品的销售价格计算纳税； 2. 没有同类消费品销售价格的，按照组成计税价格计算纳税。组成计税价格计算公式：组成计税价格＝（成本＋利润＋移送使用数量×定额税率）÷（1－比例税率）	白包卷烟，手工卷烟，自产自用没有同牌号、规格调拨价格的卷烟，委托加工没有同牌号、规格调拨价格的卷烟，未经国务院批准纳入计划的企业和个人生产的卷烟，税率为56%

（续表）

征税方式	从量定额	从价定率	复合计征	备注
委托加工	委托方收回的应税消费品数量	1. 委托加工的应税消费品，按照受托方的同类消费品的销售价格计算纳税； 2. 没有同类消费品销售价格的，按照组成计税价格计算纳税。组成计税价格计算公式：组成计税价格＝(材料成本＋加工费)÷(1－消费税税率)	委托方收回数量 1. 委托加工的应税消费品，按照受托方的同类消费品的销售价格计算纳税； 2. 没有同类消费品销售价格的，按照组成计税价格计算纳税。组成计税价格计算公式：组成计税价格＝(材料成本＋加工费＋委托方收回数量×定额税率)÷(1－比例税率)	
进口	海关核定的报送进口数量	组成计税价格＝(关税完税价格＋关税)÷(1－消费税税率)	海关核定的进口征税数量 组成计税价格＝(关税完税价格＋关税＋海关核定进口数量×定额税率)÷(1－比例税率)	

附录 3　消费税暂行条例

（1993 年 12 月 13 日国务院令第 135 号发布，国务院令 2008 年第 539 号修订，发文日期：2008-11-10）

第一条　在中华人民共和国境内生产、委托加工和进口本条例规定的消费品的单位和个人，以及国务院确定的销售本条例规定的消费品的其他单位和个人，为消费税的纳税人，应当依照本条例缴纳消费税。

第二条　消费税的税目、税率，依照本条例所附的《消费税税目税率表》执行。

消费税税目、税率的调整，由国务院决定。

第三条　纳税人兼营不同税率的应当缴纳消费税的消费品（以下简称应税消费品），应当分别核算不同税率应税消费品的销售额、销售数量；未分别核算销售额、销售数量，或者将不同税率的应税消费品组成成套消费品销售的，从高适用税率。

第四条　纳税人生产的应税消费品，于纳税人销售时纳税。纳税人自产自用的应税消费品，用于连续生产应税消费品的，不纳税；用于其他方面的，于移送使用时纳税。

委托加工的应税消费品，除受托方为个人外，由受托方在向委托方交货时代收代缴税款。委托加工的应税消费品，委托方用于连续生产应税消费品的，所纳税款准予按规定抵扣。

进口的应税消费品，于报关进口时纳税。

第五条 消费税实行从价定率、从量定额，或者从价定率和从量定额复合计税（以下简称复合计税）的办法计算应纳税额。应纳税额计算公式：

实行从价定率办法计算的应纳税额＝销售额×比例税率

实行从量定额办法计算的应纳税额＝销售数量×定额税率

实行复合计税办法计算的应纳税额＝销售额×比例税率＋销售数量×定额税率

纳税人销售的应税消费品，以人民币计算销售额。纳税人以人民币以外的货币结算销售额的，应当折合成人民币计算。

第六条 销售额为纳税人销售应税消费品向购买方收取的全部价款和价外费用。

第七条 纳税人自产自用的应税消费品，按照纳税人生产的同类消费品的销售价格计算纳税；没有同类消费品销售价格的，按照组成计税价格计算纳税。

实行从价定率办法计算纳税的组成计税价格计算公式：

组成计税价格＝（成本＋利润）÷（1－比例税率）

实行复合计税办法计算纳税的组成计税价格计算公式：

组成计税价格＝（成本＋利润＋自产自用数量×定额税率）÷（1－比例税率）

第八条 委托加工的应税消费品，按照受托方的同类消费品的销售价格计算纳税；没有同类消费品销售价格的，按照组成计税价格计算纳税。

实行从价定率办法计算纳税的组成计税价格计算公式：

组成计税价格＝(材料成本＋加工费)÷(1－比例税率)

实行复合计税办法计算纳税的组成计税价格计算公式：

组成计税价格＝(材料成本＋加工费＋委托加工数量×定额税率)÷(1－比例税率)

第九条 进口的应税消费品，按照组成计税价格计算纳税。

实行从价定率办法计算纳税的组成计税价格计算公式：

组成计税价格＝(关税完税价格＋关税)÷(1－消费税比例税率)

实行复合计税办法计算纳税的组成计税价格计算公式：

组成计税价格＝(关税完税价格＋关税＋进口数量×消费税定额税率)÷(1－消费税比例税率)

第十条 纳税人应税消费品的计税价格明显偏低并无正当理由的，由主管税务机关核定其计税价格。

第十一条 对纳税人出口应税消费品，免征消费税；国务院另有规定的除外。出口应税消费品的免税办法，由国务院财政、税务主管部门规定。

第十二条 消费税由税务机关征收，进口的应税消费品的消费税由海关代征。

个人携带或者邮寄进境的应税消费品的消费税，连同关税一并计征。具体办法由国务院关税税则委员会会同有关部门制定。

第十三条 纳税人销售的应税消费品，以及自产自用的应税消费品，除国务院财政、税务主管部门另有规定外，应当向纳税人机构所在地或者居住地的主管税务机关申报纳税。

委托加工的应税消费品，除受托方为个人外，由受托方向机构所在地或者居住地的主管税务机关解缴消费税税款。

进口的应税消费品，应当向报关地海关申报纳税。

第十四条 消费税的纳税期限分别为1日、3日、5日、10日、15日、1个月或者1个季度。纳税人的具体纳税期限，由主管税务机关根据纳税人应纳税额的大小分别核定；不能按照固定期限纳税的，可以按次纳税。

纳税人以1个月或者1个季度为1个纳税期的，自期满之日起15日内申报纳税；以1日、3日、5日、10日或者15日为1个纳税期的，自期满之日起5日内预缴税款，于次月1日起15日内申报纳税并结清上月应纳税款。

第十五条 纳税人进口应税消费品，应当自海关填发海关进口消费税专用缴款书之日起15日内缴纳税款。

第十六条 消费税的征收管理，依照《中华人民共和国税收征收管理法》及本条例有关规定执行。

第十七条 本条例自2009年1月1日起施行。

附录 4 消费税暂行条例实施细则

（财政部 国家税务总局令第 51 号，发文日期：2008-12-15）

第一条 根据《中华人民共和国消费税暂行条例》（以下简称条例），制定本细则。

第二条 条例第一条所称单位，是指企业、行政单位、事业单位、军事单位、社会团体及其他单位。

条例第一条所称个人，是指个体工商户及其他个人。

条例第一条所称在中华人民共和国境内，是指生产、委托加工和进口属于应当缴纳消费税的消费品的起运地或者所在地在境内。

第三条 条例所附《消费税税目税率表》中所列应税消费品的具体征税范围，由财政部、国家税务总局确定。

第四条 条例第三条所称纳税人兼营不同税率的应当缴纳消费税的消费品，是指纳税人生产销售两种税率以上的应税消费品。

第五条 条例第四条第一款所称销售，是指有偿转让应税消费品的所有权。

前款所称有偿，是指从购买方取得货币、货物或者其他经济利益。

第六条 条例第四条第一款所称用于连续生产应税消费品，是指纳税人将自产自用的应税消费品作为直接材料生产最终应税消费品，自产自用应税消费品构成最终应税消费品的实体。

条例第四条第一款所称用于其他方面，是指纳税人将自产自用应税消费品用于生产非应税消费品、在建工程、管理部门、非生产机构、提供劳务、馈赠、赞助、集资、广告、样品、职工福利、奖励等方面。

第七条 条例第四条第二款所称委托加工的应税消费品，是指由委托方提供原料和主要材料，受托方只收取加工费和代垫部分辅助材料加工的应税消费品。对于由受托方提供原材料生产的应税消费品，或者受托方先将原材料卖给委托方，然后再接受加工的应税消费品，以及由受托方以委托方名义购进原材料生产的应税消费品，不论在财务上是否作销售处理，都不得作为委托加工应税消费品，而应当按照销售自制应税消费品缴纳消费税。

委托加工的应税消费品直接出售的，不再缴纳消费税。

委托个人加工的应税消费品，由委托方收回后缴纳消费税。

第八条 消费税纳税义务发生时间，根据条例第四条的规定，分列如下：

（一）纳税人销售应税消费品的，按不同的销售结算方式分别为：

1. 采取赊销和分期收款结算方式的，为书面合同约定的收款日期的当天，书面合同没有约定收款日期或者无书面合同的，为发出应税消费品的当天；

2. 采取预收货款结算方式的，为发出应税消费品的当天；

3. 采取托收承付和委托银行收款方式的，为发出应税消费品并办妥托收手续的当天；

4. 采取其他结算方式的，为收讫销售款或者取得索取销售款凭据的当天。

（二）纳税人自产自用应税消费品的，为移送使用的当天。

（三）纳税人委托加工应税消费品的，为纳税人提货的当天。

（四）纳税人进口应税消费品的，为报关进口的当天。

第九条　条例第五条第一款所称销售数量，是指应税消费品的数量。具体为：

（一）销售应税消费品的，为应税消费品的销售数量；

（二）自产自用应税消费品的，为应税消费品的移送使用数量；

（三）委托加工应税消费品的，为纳税人收回的应税消费品数量；

（四）进口应税消费品的，为海关核定的应税消费品进口征税数量。

第十条　实行从量定额办法计算应纳税额的应税消费品，计量单位的换算标准如下：

（一）黄酒　1吨＝962升

（二）啤酒　1吨＝988升

（三）汽油　1吨＝1 388升

（四）柴油　1吨＝1 176升

（五）航空煤油　1吨＝1 246升

（六）石脑油　1吨＝1 385升

（七）溶剂油　1吨＝1 282升

（八）润滑油　1吨＝1 126升

（九）燃料油　1吨＝1 015升

第十一条　纳税人销售的应税消费品，以人民币以外的货币结算销售额的，其销售额的人民币折合率可以选择销售额发生的当天或者当月1日的人民币汇率中间价。纳税人应在事先确定采用何种折合率，确定后1年内不得变更。

第十二条　条例第六条所称销售额，不包括应向购货方收取的增值税税款。如果纳税人应税消费品的销售额中未扣除增值税税款或者因不得开具增值税专用发票而发生价款和增值税税款合并收取的，在计算消费税时，应当换算为不含增值税税款的销售额。其换算公式为：

应税消费品的销售额＝含增值税的销售额÷(1＋增值税税率或者征收率)

第十三条　应税消费品连同包装物销售的，无论包装物是否单独计价以及在会计上如何核算，均应并入应税消费品的销售额中缴纳消费税。如果包装物不作价随同产品销售，而是收取押金，此项押金则不应并入应税消费品的销售额中征税。但对因逾期未收回的包装物不再退还的或者已收取的时间超过12个月的押金，应并入应税消费品的销售额，按照应税消费品的适用税率缴纳消费税。

对既作价随同应税消费品销售，又另外收取押金的包装物的押金，凡纳税人在规定的期限内没有退还的，均应并入应税消费品的销售额，按照应税消费品的适用税率缴纳消费税。

第十四条　条例第六条所称价外费用，是指价外向购买方收取的手续费、补贴、基金、集资费、返还利润、奖励费、违约金、滞纳金、延期付款利息、赔偿金、代收款项、代垫款项、包装费、包装物租金、储备费、优质费、运输装卸费以及其他各种性质的价外收费。但下列项目不包括在内：

（一）同时符合以下条件的代垫运输费用：

1. 承运部门的运输费用发票开具给购买方的；

2. 纳税人将该项发票转交给购买方的。

（二）同时符合以下条件代为收取的政府性基金或者行政事业性收费：

1. 由国务院或者财政部批准设立的政府性基金，由国务院或者省级人民政府及其财政、价格主管部门批准设立的行政事业性收费；

2. 收取时开具省级以上财政部门印制的财政票据；

3. 所收款项全额上缴财政。

第十五条　条例第七条第一款所称纳税人自产自用的应税消费品，是指依照条例第四条第一款规定于移送使用时纳税的应税消费品。

条例第七条第一款、第八条第一款所称同类消费品的销售价格，是指纳税人或者代收代缴义务人当月销售的同类消费品的销售价格，如果当月同类消费品各期销售价格高低不同，应按销售数量加权平均计算。但销售的应税消费品有下列情况之一的，不得列入加权平均计算：

（一）销售价格明显偏低并无正当理由的；

（二）无销售价格的。

如果当月无销售或者当月未完结，应按照同类消费品上月或者最近月份的销售价格计算纳税。

第十六条 条例第七条所称成本，是指应税消费品的产品生产成本。

第十七条 条例第七条所称利润，是指根据应税消费品的全国平均成本利润率计算的利润。应税消费品全国平均成本利润率由国家税务总局确定。

第十八条 条例第八条所称材料成本，是指委托方所提供加工材料的实际成本。

委托加工应税消费品的纳税人，必须在委托加工合同上如实注明（或者以其他方式提供）材料成本，凡未提供材料成本的，受托方主管税务机关有权核定其材料成本。

第十九条 条例第八条所称加工费，是指受托方加工应税消费品向委托方所收取的全部费用（包括代垫辅助材料的实际成本）。

第二十条 条例第九条所称关税完税价格，是指海关核定的关税计税价格。

第二十一条 条例第十条所称应税消费品的计税价格的核定权限规定如下：

（一）卷烟、白酒和小汽车的计税价格由国家税务总局核定，送财政部备案；

（二）其他应税消费品的计税价格由省、自治区和直辖市国家税务局核定；

（三）进口的应税消费品的计税价格由海关核定。

第二十二条　出口的应税消费品办理退税后，发生退关，或者国外退货进口时予以免税的，报关出口者必须及时向其机构所在地或者居住地主管税务机关申报补缴已退的消费税税款。

纳税人直接出口的应税消费品办理免税后，发生退关或者国外退货，进口时已予以免税的，经机构所在地或者居住地主管税务机关批准，可暂不办理补税，待其转为国内销售时，再申报补缴消费税。

第二十三条　纳税人销售的应税消费品，如因质量等原因由购买者退回时，经机构所在地或者居住地主管税务机关审核批准后，可退还已缴纳的消费税税款。

第二十四条　纳税人到外县（市）销售或者委托外县（市）代销自产应税消费品的，于应税消费品销售后，向机构所在地或者居住地主管税务机关申报纳税。

纳税人的总机构与分支机构不在同一县（市）的，应当分别向各自机构所在地的主管税务机关申报纳税；经财政部、国家税务总局或者其授权的财政、税务机关批准，可以由总机构汇总向总机构所在地的主管税务机关申报纳税。

委托个人加工的应税消费品，由委托方向其机构所在地或者居住地主管税务机关申报纳税。

进口的应税消费品，由进口人或者其代理人向报关地海关申报纳税。

第二十五条　本细则自 2009 年 1 月 1 日起施行。

附录5 消费税征收范围注释

一、烟。

凡是以烟叶为原料加工生产的产品,不论使用何种辅料,均属于本税目的征收范围。本税目下设甲类卷烟、乙类卷烟、雪茄烟、烟丝四个子目。

卷烟是指将各种烟叶切成烟丝,按照配方要求均匀混合,加入糖、酒、香料等辅料,用白色盘纸、棕色盘纸、涂布纸或烟草薄片经机器或手工卷制的普通卷烟和雪茄型卷烟。

(一) 甲类卷烟。

甲类卷烟是指每标准条(200支,下同)调拨价格在70元(不含增值税)以上(含70元)的卷烟。

(二) 乙类卷烟。

乙类卷烟是指每标准条调拨价格在70元(不含增值税)以下的卷烟。

(三) 雪茄烟。

雪茄烟是指以晾晒烟为原料或者以晾晒烟和烤烟为原料,用烟叶或卷烟纸、烟草薄片作为烟支内包皮,再用烟叶作为烟支外包皮,经机器或手工卷制而成的烟草制品。按内包皮所用材料的不同可分为全叶卷雪茄烟和半叶卷雪茄烟。

雪茄烟的征收范围包括各种规格、型号的雪茄烟。

（四）烟丝。

烟丝是指将烟叶切成丝状、粒状、片状、末状或其他形状，再加入辅料，经过发酵、储存，不经卷制即可供销售吸用的烟草制品。

烟丝的征收范围包括以烟叶为原料加工生产的不经卷制的散装烟，如斗烟、莫合烟、烟末、水烟、黄红烟丝等等。

二、酒及酒精。

本税目下设粮食白酒、薯类白酒、黄酒、啤酒、其他酒、酒精六个子目。

（一）粮食白酒。

粮食白酒是指以高粱、玉米、大米、糯米、大麦、小麦、小米、青稞等各种粮食为原料，经过糖化、发酵后，采用蒸馏方法酿制的白酒。

（二）薯类白酒。

薯类白酒是指以白薯（红薯、地瓜）、木薯、马铃薯（土豆）、芋头、山药等各种干鲜薯类为原料，经过糖化、发酵后，采用蒸馏方法酿制的白酒。

用甜菜酿制的白酒，比照薯类白酒征税。

（三）黄酒。

黄酒是指以糯米、粳米、籼米、大米、黄米、玉米、小麦、薯类等为原料，经加温、糖化、发酵、压榨酿制的酒。由于工艺、配料和含糖量的不同，黄酒分为干黄酒、半干黄酒、半甜黄酒、甜黄酒四类。

黄酒的征收范围包括各种原料酿制的黄酒和酒度超过12度(含12度)的土甜酒。

(四) 啤酒。

啤酒是指以大麦或其他粮食为原料,加入啤酒花,经糖化、发酵、过滤酿制的含有二氧化碳的酒。啤酒按照杀菌方法的不同,可分为熟啤酒和生啤酒或鲜啤酒。

啤酒的征收范围包括各种包装和散装的啤酒。

无醇啤酒比照啤酒征税。

(五) 其他酒。

其他酒是指除粮食白酒、薯类白酒、黄酒、啤酒以外,酒度在1度以上的各种酒。其征收范围包括糠麸白酒、其他原料白酒、土甜酒、复制酒、果木酒、汽酒、药酒等等。

1. 糠鼓白酒是指用各种粮食的糠麸酿制的白酒。

用稗子酿制的白酒,比照糠麸酒征税。

2. 其他原料白酒是指用醋糟、糖渣、糖漏水、甜菜渣、粉渣、薯皮等各种下脚料,葡萄、桑葚、橡子仁等各种果实、野生植物等代用品,以及甘蔗、糖等酿制的白酒。

3. 土甜酒是指用糯米、大米、黄米等为原料,经加温、糖化、发酵(通过酒曲发酵),采用压榨酿制的酒度不超过12度的酒。

酒度超过12度的应按黄酒征税。

4. 复制酒是指以白酒、黄酒、酒精为酒基,加入果汁、香料、色素、药材、补品、糖、调料等配制或泡制的酒,如各种配制酒、泡制酒、滋补酒等等。

5. 果木酒是指以各种果品为主要原料,经发酵过滤酿制的酒。

6. 汽酒是指以果汁、香精、色素、酸料、酒(或酒精)、糖(或糖精)等调配,冲加二氧化碳制成的酒度在1度以上的酒。

7. 药酒是指按照医药卫生部门的标准,以白酒、黄酒为酒基,加入各种药材泡制或配制的酒。

三、高档化妆品。

本税目包括高档美容、修饰类化妆品、高档护肤类化妆品和成套化妆品。

高档美容、修饰类化妆品和高档护肤类化妆品是指生产(进口)环节销售(完税)价格(不含增值税)在10元/毫升(克)或15元/片(张)及以上的美容、修饰类化妆品和护肤类化妆品。

美容、修饰类化妆品是指香水、香水精、香粉、口红、指甲油、胭脂、眉笔、唇笔、蓝眼油、眼睫毛以及成套化妆品。

(一) 香水、香水精是指以酒精和香精为主要原料混合配制而成的液体芳香类化妆品。

(二) 香粉是指用于粉饰面颊的化妆品。按其形态有粉状、块状和液状。高级香粉盒内附有的彩色丝绒粉扑,花色香粉粉盒内附有的小盒胭脂和胭脂扑,均应按"香粉"征税。

(三) 口红又称唇膏,是涂饰于嘴唇的化妆品,口红的颜色一般以红色为主,也有白色的(俗称口白),还有一种变色口红,是用曙红酸等染料调制而成的。

（四）指甲油又名“美指油”，是用于修饰保护指甲的一种有色或无色的油性液态化妆品。

（五）胭脂是擦敷于面颊皮肤上的化妆品。有粉质块状胭脂、透明状胭脂膏及乳化状胭脂膏等。

（六）眉笔是修饰眉毛用的化妆品。有铅笔式和推管式两种。

（七）唇笔是修饰嘴唇用的化妆品。

（八）蓝眼油是涂抹于眼窝周围和眼皮的化妆品。它是以油脂、蜡和颜料为主要原材料制成。色彩有蓝色、绿色、棕色等等，因蓝色使用最为普遍，故俗称“蓝眼油”。眼影膏、眼影霜、眼影粉应按照蓝眼油征税。

（九）眼睫毛商品名称叫“眼毛膏”或“睫毛膏”，是用于修饰眼睫毛的化妆品。其产品形态有固体块状、乳化状。颜色以黑色及棕色为主。

（十）成套化妆品是指由各种用途的化妆品配套盒装而成的系列产品。一般采用精制的金属或塑料盒包装，盒内常备有镜子、梳子等化妆工具，具有多功能性和使用方便的特点。舞台、戏剧、影视演员化妆用的上妆油、卸妆油、油彩、发胶和头发漂白剂等，不属于本税目征收范围。

高档护肤类化妆品征收范围另行制定。

四、贵重首饰及珠宝玉石。

本税目征收范围包括：各种金银珠宝首饰和经采掘、打磨、加工的各种珠宝玉石。

（一）金银珠宝首饰包括：

凡以金、银、白金、宝石、珍珠、钻石、翡翠、珊瑚、玛瑙等高贵稀有物质以及其他金属、人造宝石等制作的各种纯金银首饰及镶嵌首饰（含人造金银、合成金银首饰等)。

(二)珠宝玉石的种类包括:

1. 钻石:钻石是完全由单一元素碳元素所结晶而成的晶体矿物,也是宝石中唯一由单元素组成的宝石。钻石为八面体解理,即平面八面体晶面的四个方向,一般呈阶梯状。钻石的化学性质很稳定,不易溶于酸和碱。但在纯氧中,加热到1 770度左右时,就会发生分解。在真空中,加热到1 700度时,就会把它分解为石墨。钻石有透明的、半透明的,也有不透明的。宝石级的钻石,应该是无色透明的,无瑕疵或极少瑕疵,也可以略有淡黄色或极浅的褐色,最珍贵的颜色是天然粉色,其次是蓝色和绿色。

2. 珍珠:海水或淡水中的贝类软体动物体内进入细小杂质时,外套膜受到刺激便分泌出一种珍珠质(主要是碳酸钙),将细小杂质层层包裹起来,逐渐成为一颗小圆珠,就是珍珠。珍珠颜色主要为白色、粉色及浅黄色,具珍珠光泽,其表面隐约闪烁着虹一样的晕彩珠光。颜色白润、皮光明亮、形状精圆、粒度硬大者价值最高。

3. 松石:松石是一种自色宝石,是一种完全水化的铜铝磷酸盐。分子式为 $CuAl_6(PO_4)_4(OH)_8 \cdot 5H_2O$。松石的透明度为不透明、薄片下部分呈半透明。抛光面为油脂玻璃光泽,断口为油脂暗淡光泽。松石种类包括波斯松石、美国松石和墨西哥松石、埃及松石和带铁线的绿松石。

4. 青金石:青金石是方钠石族的一种矿物;青金石的分式为 $(Na,Ca)_{7-8}(Al,Si)_{12}(O,S)_{24}(SO_4),Cl_2Cl_2 \cdot (OH)_2(OH)_2$,其中钠经常部分地为钾置换,硫则部分地为硫酸根、氯或硒所置换。青金石的种类包括波斯青金石、苏联青金石或西班牙青金石、智利青金石。

5. 欧泊石：矿物质中属蛋白石类，分子式为 $SiO_2 \cdot nH_2O$。由于蛋白石中 SiO_2，小圆珠整齐排列像光栅一样，当白光射在上面后发生衍射，散成彩色光谱，所以欧泊石具有绚丽夺目的变幻色彩，尤以红色多者最为珍贵。欧泊石的种类包括白欧泊石、黑欧泊石、晶质欧泊石、火欧泊石、胶状欧泊石或玉滴欧泊石、漂砾欧泊石、脉石欧泊石或基质中欧泊石。

6. 橄榄石：橄榄石是自色宝石，一般常见的颜色有纯绿色、黄绿色到棕绿色。橄榄石没有无色的。分子式为：$(Mg,Fe)_2SiO_4$。橄榄石的种类包括贵橄榄石、黄玉、镁橄榄石、铁橄榄石、"黄昏祖母绿"和硼铝镁石。

7. 长石：按矿物学分类，长石分为两个主要类型：钾长石和斜长石。分子式分别为：$KAlSi_3O_8$、$NaAlSi_3O_8$。长石的种类包括月光石或冰长石、日光石或砂金石的长石、拉长石、天河石或亚马逊石。

8. 玉：硬玉(也叫翡翠)、软玉。硬玉是一种钠和铝的硅酸盐，分子式为：$NaAl(SiO_3)_2$。软玉是一种含水的钙镁硅酸盐，分子式为：$CaMg_5(OH)_2(Si_4O_{11})_2$。

9. 石英：石英是一种它色的宝石，纯石英为无色透明。分子式为 SiO_2。石英的种类包括水晶、晕彩或彩红石英、金红石斑点或网金红石石英、紫晶、黄晶、烟石英或烟晶、芙蓉石、东陵石、蓝线石石英、乳石英、蓝石英或蓝宝石石英、虎眼石、鹰眼或猎鹰眼、石英猫眼、带星的或星光石英。

10. 玉髓：也叫隐晶质石英。分子式为 SiO_2。玉髓的种类包括月光石、绿玉髓、红玛瑙、肉红玉髓、鸡血石、葱绿玉髓、玛瑙、缟玛瑙、碧玉、深绿玉髓、硅孔雀石玉髓、硅化木。

11. 石榴石：其晶体与石榴籽的形状、颜色十分相似而得名。石榴石的一般分子式为 $R_3M_2(SiO_4)_3$。石榴石的种类包括铁铝榴石、镁铝榴石、镁铁榴石、锰铝榴石、钙铁榴石、钙铬榴石。

12. 锆石：颜色呈红、黄、蓝、紫色等。分子式为 $ZrSiO_4$。

13. 尖晶石：颜色呈黄色、绿色和无色。分子式为 $MgAl_2O_4$。尖晶石的种类包括红色尖晶石、红宝石色的尖晶石或红宝石尖晶石、紫色的或类似贵榴石色泽的尖晶石、粉或玫瑰色尖晶石、橘红色尖晶石、蓝色尖晶石、蓝宝石色尖晶石或蓝宝石尖晶石、象变石的尖晶石、黑色尖晶石、铁镁尖晶石或镁铁尖晶石。

14. 黄玉：黄玉是铝的氟硅酸盐，斜方晶系。分子式为 $Al_2(F, OH)_2SiO_4$。黄玉的种类包括棕黄至黄棕、浅蓝至淡蓝、粉红、无色的、其他品种。

15. 碧玺：极为复杂的硼铝硅酸盐，其中可含一种或数种以下成分：镁、钠、锂、铁、钾或其他金属。这些元素比例不同，颜色也不同。碧玺的种类包括红色的、绿色的、蓝色的、黄和橙色、无色或白色、黑色、杂色宝石、猫眼碧玺、变色石似的碧玺。

16. 金绿玉：属尖晶石族矿物，铝酸盐类。主要成分是氧化铝铍，属斜方晶系。分子式为 $BeAl_2O_4$。金绿玉的种类包括变石、猫眼石、变石猫眼宝石及其他一些变种。

17. 绿柱石：绿柱石在其纯净状态是无色的；不同的变种之所以有

不同的颜色是由于微量金属氧化物的存在。在存在氧化铬或氧化钒时通常就成了祖母绿，而海蓝宝石则是由于氧化亚铁着色而成的，成为铯绿柱石是由于镁的存在，而金绿柱石则是因氧化铁着色而成的。分子式为：$Be_3Al_2(SiO_3)_6$。绿柱石的种类包括祖母绿、海蓝宝石、MAXIXE型绿柱石、金绿柱石、铯绿柱石、其他透明的品种、猫眼绿柱石、星光绿柱石。

18. 刚玉：刚玉是一种很普通的矿物，除了星光宝石外，只有半透明到透明的变种才能叫作宝石。分子式为 Al_2O_3，含氧化铬呈红色，含钛和氧化铁呈蓝色，含氧化铁呈黄色，含铬和氧化铁呈橙色，含铁和氧化钛呈绿色，含铬、钛和氧化铁呈紫色。刚玉的种类包括红宝石、星光红宝石、蓝宝石、艳色蓝宝石、星光蓝宝石。

19. 琥珀：一种有机物质。它是一种含一些有关松脂的古代树木的石化松脂。分子式为 $C_{40}H_{64}O_4$。琥珀的种类包括海珀、坑珀、洁珀、块珀、脂珀、浊珀、泡珀、骨珀。

20. 珊瑚：是生物成因的另一种宝石原料。它是珊瑚虫的树枝状钙质骨架随着极细小的海生动物群体增生而形成。

21. 煤玉：煤玉是褐煤的一个变种（成分主要是碳，并含氢和氧）。它是由漂木经压实作用而成，漂木沉降到海底，变成埋藏的细粒淤泥，然后转变为硬质页岩，称为“煤玉岩”，煤玉是生物成因的。煤玉为非晶质，在粗糙表面上呈暗淡光泽，在磨光面上为玻璃光泽。

22. 龟甲：是非晶质的，具有油脂光泽至蜡状光泽，硬度 2.5。

23. 合成刚玉：指与有关天然刚玉对比，具有基本相同的物理、光学及化学性能的人造材料。

24. 合成宝石:指与有关天然宝石对比,具有基本相同的物理、光学及化学性能的人造宝石。合成宝石种类包括合成金红石、钛酸锶、钇铝榴石、轧镓榴石、合成立方锆石、合成蓝宝石、合成尖晶石、合成金红石、合成变石、合成钻石、合成祖母绿、合成欧泊、合成石英。

25. 双合石:也称复合石,这是一种由两种不同的材料粘结而成的宝石。双合石的种类是根据粘合时所用的材料性质划分的。双合石的种类有石榴石与玻璃双合石、祖母绿的代用品、欧泊石代用品、星光蓝宝石代用品、钻石代用品、其他各种仿宝石复合石。

26. 玻璃仿制品。

五、鞭炮、焰火。

鞭炮,又称爆竹,是用多层纸密裹火药,接以药引线,制成的一种爆炸品。

焰火,指烟火剂,一般系包扎品,内装药剂,点燃后烟火喷射,呈各种颜色,有的还变幻成各种景象,分平地小焰火和空中大焰火两类。

本税目征收范围包括各种鞭炮、焰火。通常分为13类,即喷花类、旋转类、旋转升空类、火箭类、吐珠类、线香类、小礼花类、烟雾类、造型玩具类、爆竹类、摩擦炮类、组合烟花类、礼花弹类。

体育上用的发令纸,鞭炮药引线,不按本税目征收。

六、成品油。

(一) 汽油。

汽油是指用原油或其他原料加工生产的辛烷值不小于66的可用作

汽油发动机燃料的各种轻质油。含铅汽油是指铅含量每升超过 0.013 克的汽油。汽油分为车用汽油和航空汽油。

以汽油、汽油组分调和生产的甲醇汽油、乙醇汽油也属于本税目征收范围。

（二）柴油。

柴油是指用原油或其他原料加工生产的倾点或凝点在－50 至 30 的可用作柴油发动机燃料的各种轻质油和以柴油组分为主、经调和精制可用作柴油发动机燃料的非标油。

以柴油、柴油组分调和生产的生物柴油也属于本税目征收范围。

（三）石脑油。

石脑油又叫化工轻油，是以原油或其他原料加工生产的用于化工原料的轻质油。

石脑油的征收范围包括除汽油、柴油、航空煤油、溶剂油以外的各种轻质油。非标汽油、重整生成油、拔头油、戊烷原料油、轻裂解料（减压柴油 VGO 和常压柴油 AGO）、重裂解料、加氢裂化尾油、芳烃抽余油均属轻质油，属于石脑油征收范围。

（四）溶剂油。

溶剂油是用原油或其他原料加工生产的用于涂料、油漆、食用油、印刷油墨、皮革、农药、橡胶、化妆品生产和机械清洗、胶粘行业的轻质油。

橡胶填充油、溶剂油原料，属于溶剂油征收范围。

（五）航空煤油。

航空煤油也叫喷气燃料，是用原油或其他原料加工生产的用作喷气发动机和喷气推进系统燃料的各种轻质油。

（六）润滑油。

润滑油是用原油或其他原料加工生产的用于内燃机、机械加工过程的润滑产品。润滑油分为矿物性润滑油、植物性润滑油、动物性润滑油和化工原料合成润滑油。

润滑油的征收范围包括矿物性润滑油、矿物性润滑油基础油、植物性润滑油、动物性润滑油和化工原料合成润滑油。以植物性、动物性和矿物性基础油（或矿物性润滑油）混合掺配而成的“混合性”润滑油，不论矿物性基础油（或矿物性润滑油）所占比例高低，均属润滑油的征收范围。

（七）燃料油。

燃料油也称重油、渣油，是用原油或其他原料加工生产，主要用作电厂发电、锅炉用燃料、加热炉燃料、冶金和其他工业炉燃料。腊油、船用重油、常压重油、减压重油、180CTS燃料油、7号燃料油、糠醛油、工业燃料、4～6号燃料油等油品的主要用途是作为燃料燃烧，属于燃料油征收范围。

七、摩托车。

本税目征收范围包括：

（一）轻便摩托车：最大设计车速不超过50公里/小时、发动机气缸总工作容积不超过50毫升的两轮机动车。

（二）摩托车：最大设计车速超过50公里/小时、发动机气缸总工作容积超过50毫升、空车质量不超过400公斤（带驾驶室的正三轮车及特种车的空车质量不受此限)的两轮和三轮机动车。

1. 两轮车:装有一个驱动轮与一个从动轮的摩托车。

(1) 普通车:骑式车架,双人坐垫,轮辋基本直径不小于304毫米,适应在公路或城市道路上行驶的摩托车。

(2) 微型车:坐式或骑式车架,单人或双人坐垫,轮辋基本直径不大于254毫米,适应在公路或城市道路上行驶的摩托车。

(3) 越野车:骑式车架,宽型方向把,越野型轮胎,剩余垂直轮隙及离地间隙大,适应在非公路地区行驶的摩托车。

(4) 普通赛车:骑式车架,狭型方向把,坐垫偏后,装有大功率高转速发动机,在专用跑道上比赛车速的一种摩托车。

(5) 微型赛车:坐式或骑式车架,轮辋基本直径不大于254毫米,装有大功率高转速发动机,在专用跑道上比赛车速的一种摩托车。

(6) 越野赛车:具有越野性能,装有大功率发动机,用于非公路地区比赛车速的一种摩托车。

(7) 特种车:一种经过改装之后用于完成特定任务的两轮摩托车。如开道车。

2. 边三轮车:在两轮车的一侧装有边车的三轮摩托车。

(1) 普通边三轮车:具有边三轮车结构,用于载运乘员或货物的摩托车。

(2) 特种边三轮车:装有专用设备,用于完成特定任务的边三轮车。如警车、消防车。

3. 正三轮车:装有与前轮对称分布的两个后轮和固定车厢的三轮

摩托车。

(1) 普通正三轮车:具有正三轮车结构,用于载运乘员或货物的摩托车,如客车、货车。

(2) 特种正三轮车:装有专用设备,用于完成特定任务的正三轮车。如容罐车、自卸车、冷藏车。

八、小汽车。

汽车是指由动力装置驱动,具有四个或四个以上车轮的非轨道承载的车辆。

本税目征收范围包括含驾驶员座位在内最多不超过9个座位(含)的,在设计和技术特性上用于载运乘客和货物的各类乘用车和含驾驶员座位在内的座位数在10至23座(含23座)的,在设计和技术特性上用于载运乘客和货物的各类中轻型商用客车。

用排气量小于1.5升(含)的乘用车底盘(车架)改装、改制的车辆属于乘用车征收范围。用排气量大于1.5升的乘用车底盘(车架)或用中轻型商用客车底盘(车架)改装、改制的车辆属于中轻型商用客车征收范围。

含驾驶员人数(额定载客)为区间值的(如8~10人;17~26人)小汽车,按其区间值下限人数确定征收范围。

电动汽车不属于本税目征收范围。

九、高尔夫球及球具。

高尔夫球及球具是指从事高尔夫球运动所需的各种专用装备,包括高尔夫球、高尔夫球杆及高尔夫球包(袋)等。

高尔夫球是指重量不超过45.93克、直径不超过42.67毫米的高尔夫球运动比赛、练习用球；高尔夫球杆是指被设计用来打高尔夫球的工具，由杆头、杆身和握把三部分组成；高尔夫球包(袋)是指专用于盛装高尔夫球及球杆的包(袋)。

本税目征收范围包括高尔夫球、高尔夫球杆、高尔夫球包(袋)。高尔夫球杆的杆头、杆身和握把属于本税目的征收范围。

十、高档手表。

高档手表是指销售价格(不含增值税)每只在10 000元(含)以上的各类手表。

本税目征收范围包括符合以上标准的各类手表。

十一、游艇。

游艇是指长度大于8米小于90米，船体由玻璃钢、钢、铝合金、塑料等多种材料制作，可以在水上移动的水上浮载体。按照动力划分，游艇分为无动力艇、帆艇和机动艇。

本税目征收范围包括艇身长度大于8米(含)小于90米(含)，内置发动机，可以在水上移动，一般为私人或团体购置，主要用于水上运动和休闲娱乐等非牟利活动的各类机动艇。

十二、木制一次性筷子。

木制一次性筷子，又称卫生筷子，是指以木材为原料经过锯段、浸泡、旋切、刨切、烘干、筛选、打磨、倒角、包装等环节加工而成的各类一次性使用的筷子。

本税目征收范围包括各种规格的木制一次性筷子。未经打磨、倒角的木制一次性筷子属于本税目征税范围。

十三、实木地板。

实木地板是指以木材为原料，经锯割、干燥、刨光、截断、开榫、涂漆等工序加工而成的块状或条状的地面装饰材料。实木地板按生产工艺不同，可分为独板（块）实木地板、实木指接地板、实木复合地板三类；按表面处理状态不同，可分为未涂饰地板（白坯板、素板）和漆饰地板两类。

本税目征收范围包括各类规格的实木地板、实木指接地板、实木复合地板及用于装饰墙壁、天棚的侧端面为榫、槽的实木装饰板。未经涂饰的素板属于本税目征税范围。

十四、电池。

电池，是一种将化学能、光能等直接转换为电能的装置，一般由电极、电解质、容器、极端，通常还有隔离层组成的基本功能单元，以及用一个或多个基本功能单元装配成的电池组。范围包括：原电池、蓄电池、燃料电池、太阳能电池和其他电池。

（一）原电池。

原电池又称一次电池，是按不可以充电设计的电池。按照电极所含的活性物质分类，原电池包括锌原电池、锂原电池和其他原电池。

1. 锌原电池。以锌做负极的原电池，包括锌二氧化锰原电池、碱性锌二氧化锰原电池、锌氧原电池（又称“锌空气原电池”）、锌氧化银原电池（又称“锌银原电池”）、锌氧化汞原电池（又称“汞电池”“氧化汞原电池”）等。

2. 锂原电池。以锂做负极的原电池，包括锂二氧化锰原电池、锂亚硫酰氯原电池、锂二硫化铁原电池、锂二氧化硫原电池、锂氧原电池(又称“锂空气原电池”)、锂氟化碳原电池等。

3. 其他原电池。指锌原电池、锂原电池以外的原电池。

原电池又可分为无汞原电池和含汞原电池。汞含量低于电池重量的0.000 1%(扣式电池按0.000 5%)的原电池为无汞原电池;其他原电池为含汞原电池。

(二) 蓄电池。

蓄电池又称二次电池,是按可充电、重复使用设计的电池;包括酸性蓄电池、碱性或其他非酸性蓄电池、氧化还原液流蓄电池和其他蓄电池。

1. 酸性蓄电池。一种含酸性电解质的蓄电池,包括铅蓄电池(又称“铅酸蓄电池”)等。

铅蓄电池,指含以稀硫酸为主电解质、二氧化铅正极和铅负极的蓄电池。

2. 碱性或其他非酸性蓄电池。一种含碱性或其他非酸性电解质的蓄电池,包括金属锂蓄电池、锂离子蓄电池、金属氢化物镍蓄电池(又称“氢镍蓄电池”或“镍氢蓄电池”)、镉镍蓄电池、铁镍蓄电池、锌氧化银蓄电池(又称“锌银蓄电池”)、碱性锌二氧化锰蓄电池(又称“可充碱性锌二氧化锰电池”)、锌氧蓄电池(又称“锌空气蓄电池”)、锂氧蓄电池(又称“锂空气蓄电池”)等。

3. 氧化还原液流电池。一种通过正负极电解液中不同价态离子的电化学反应来实现电能和化学能互相转化的储能装置,目前主要包括全钒液流电池。全钒液流电池是通过正负极电解液中不同价态钒离子的电化学反应来实现电能和化学能互相转化的储能装置。

4. 其他蓄电池。除上述三项外的蓄电池。

（三）燃料电池。

燃料电池，指通过一个电化学过程，将连续供应的反应物和氧化剂的化学能直接转换为电能的电化学发电装置。

（四）太阳能电池。

太阳能电池，是将太阳光能转换成电能的装置，包括晶体硅太阳能电池、薄膜太阳能电池、化合物半导体太阳能电池等，但不包括用于太阳能发电储能用的蓄电池。

（五）其他电池。

除原电池、蓄电池、燃料电池、太阳能电池以外的电池。

十五、涂料。

涂料是指涂于物体表面能形成具有保护、装饰或特殊性能的固态涂膜的一类液体或固体材料的总称。

涂料由主要成膜物质、次要成膜物质等构成。按主要成膜物质，涂料可分为油脂类、天然树脂类、酚醛树脂类、沥青类、醇酸树脂类、氨基树脂类、硝基类、过滤乙烯树脂类、烯类树脂类、丙烯酸酯类树脂类、聚酯树脂类、环氧树脂类、聚氨酯树脂类、元素有机类、橡胶类、纤维素类、其他成膜物类等。

（国家税务总局关于印发《消费税征收范围注释》的通知，国税发〔1993〕153号，发文日期：1993-12-27；财政部 国家税务总局关于调整和完善消费税政策的通知，财税〔2006〕33 号，发文日期：2006-03-20；财政部 国家税务总局关于调整烟产品消费税政策的通知，财税〔2009〕84 号，发文日期：2009-05-26；财政部 国家税务总局关于调整化妆品消费税政策的通知，财税〔2016〕103 号，发文日期：2016-09-30；财政部 国家税务总局关于对电池、涂料征收消费税的通知，财税〔2015〕16 号，发文日期：2015-01-26)